娱乐

民间娱乐运动

胡元斌 编著　胡元斌 丛书主编

汕头大学出版社

图书在版编目（CIP）数据

娱乐：民间娱乐运动 / 胡元斌编著. -- 汕头 ：汕
头大学出版社，2015.1（2020.1重印）
（中国文化百科 / 胡元斌主编）
ISBN 978-7-5658-1526-3

Ⅰ. ①娱… Ⅱ. ①胡… Ⅲ. ①休闲娱乐－介绍－中国
－古代 Ⅳ. ①C913.3-092

中国版本图书馆CIP数据核字(2014)第310411号

娱乐：民间娱乐运动　　　　　YULE：MINJIAN YULE YUNDONG

编　　著：胡元斌
丛书主编：胡元斌
责任编辑：邹　峰
封面设计：大华文苑
责任技编：黄东生
出版发行：汕头大学出版社
　　　　　广东省汕头市大学路243号汕头大学校园内　邮政编码：515063
电　　话：0754-82904613
印　　刷：三河市燕春印务有限公司
开　　本：700mm×1000mm 1/16
印　　张：7
字　　数：50千字
版　　次：2015年1月第1版
印　　次：2020年1月第2次印刷
定　　价：29.80元
ISBN 978-7-5658-1526-3

前 言

　　中华文化也叫华夏文化、华夏文明，是中国各民族文化的总称，是中华文明在发展过程中汇集而成的一种反映民族特质和风貌的民族文化，是中华民族历史上各种物态文化、精神文化、行为文化等方面的总体表现。

　　中华文化是居住在中国地域内的中华民族及其祖先所创造的、为中华民族世世代代所继承发展的、具有鲜明民族特色而内涵博大精深的传统优良文化，历史十分悠久，流传非常广泛，在世界上拥有巨大的影响。

　　中华文化源远流长，最直接的源头是黄河文化与长江文化，这两大文化浪涛经过千百年冲刷洗礼和不断交流、融合以及沉淀，最终形成了求同存异、兼收并蓄的中华文化。千百年来，中华文化薪火相传，一脉相承，是世界上唯一五千年绵延不绝从没中断的古老文化，并始终充满了生机与活力，这充分展现了中华文化顽强的生命力。

　　中华文化的顽强生命力，已经深深熔铸到我们的创造力和凝聚力中，是我们民族的基因。中华民族的精神，也已深深植根于绵延数千年的优秀文化传统之中，是我们的精神家园。总之，中国文化博大精深，是中华各族人民五千年来创造、传承下来的物质文明和精神文明的总和，其内容包罗万象，浩若星汉，具有很强文化纵深，蕴含丰富宝藏。

　　中华文化主要包括文明悠久的历史形态、持续发展的古代经济、特色鲜明的书法绘画、美轮美奂的古典工艺、异彩纷呈的文学艺术、欢乐祥和的歌舞娱乐、独具特色的语言文字、匠心独运的国宝器物、辉煌灿烂的科技发明、得天独厚的壮丽河山，等等，充分显示了中华民族厚重的文化底蕴和强大的民族凝聚力，风华独具，自成一体，规模宏大，底蕴悠远，具有永恒的生命力和传世价值。

在新的世纪，我们要实现中华民族的复兴，首先就要继承和发展五千年来优秀的、光明的、先进的、科学的、文明的和令人自豪的文化遗产，融合古今中外一切文化精华，构建具有中国特色的现代民族文化，向世界和未来展示中华民族的文化力量、文化价值、文化形态与文化风采，实现我们伟大的"中国梦"。

习近平总书记说："中华文化源远流长，积淀着中华民族最深层的精神追求，代表着中华民族独特的精神标识，为中华民族生生不息、发展壮大提供了丰厚滋养。中华传统美德是中华文化精髓，蕴含着丰富的思想道德资源。不忘本来才能开辟未来，善于继承才能更好创新。对历史文化特别是先人传承下来的价值理念和道德规范，要坚持古为今用、推陈出新，有鉴别地加以对待，有扬弃地予以继承，努力用中华民族创造的一切精神财富来以文化人、以文育人。"

为此，在有关部门和专家指导下，我们收集整理了大量古今资料和最新研究成果，特别编撰了本套《中国文化百科》。本套书包括了中国文化的各个方面，充分显示了中华民族厚重文化底蕴和强大民族凝聚力，具有极强的系统性、广博性和规模性。

本套作品根据中华文化形态的结构模式，共分为10套，每套冠以具有丰富内涵的套书名。再以归类细分的形式或约定俗成的说法，每套分为10册，每册冠以别具深意的主标题书名和明确直观的副标题书名。每套自成体系，每册相互补充，横向开拓，纵向深入，全景式反映了整个中华文化的博大规模，凝聚性体现了整个中华文化的厚重精深，可以说是全面展现中华文化的大博览。因此，非常适合广大读者阅读和珍藏，也非常适合各级图书馆装备和陈列。

目 录

放风筝

荡秋千

放风

　　风筝起源于我国，也称"风琴"、"纸鹞"、"鹞子"和"纸鸢"等，据说我国第一个风筝是鲁班用竹子做成的，最初只有皇宫里才有纸鸢。

　　闽南语称风筝为"风吹"，因为风筝是一种比空气重，却能够借助风力在空中漂浮的制品。

　　南北朝时期，人们在纸鸢上加了竹笛，纸鸢飞上天后，上面的竹笛被风一吹，就会发出"呜呜"的声响，好像筝的弹奏声。于是人们把"纸鸢"改称"风筝"了。后来"纸鸢"普遍以风筝命名了，包括有哨子和竹笛的和没有哨子的各种纸鸢。

　　风筝有悠久的历史，我国风筝的历史至少有2000多年了，后来从唐代开始，风筝逐渐变成了一种玩具。

五代以前风筝起源与习俗

那是在西汉建元年间，北方燕赵地区有一个老农夫，他每天戴着斗笠在田间劳作。

在初秋的一天，这天风很大，老农夫正在田间收麦子，突然狂风

大作，大风将他的斗笠卷飞了。老农夫身手敏捷，他一把抓住斗笠上系着的细绳，想将斗笠拉回来。

但是风力很强，斗笠被吹到半空，恰好老农夫斗笠上的细绳很长，斗笠便像树叶一样漂浮在半空。

老农夫再一用力，斗笠便回到了他的手上。他觉着这样很好玩，于是老农夫就故意将斗笠甩到天上，他拉着斗笠上的细绳使斗笠不至于被风吹走，但斗笠借助风力，仍然可以在半空中漂浮。

老农夫玩了一会儿，便收起了斗笠。他回到家中将这件事告诉了家人，还故意扔出斗笠展示了起来。他家人也觉得这很神奇，于是他们便将这件事告诉了村里人。

后来村里人又四处传播放斗笠的事。渐渐地，这件事传遍了燕赵地区的大街小巷，人们都开始玩起了放斗笠的游戏。

没多久，人们在放斗笠的时候，他们觉得斗笠还是重了些，不能

在半空漂浮太久。于是有人改进了这项游戏，他们用牛皮替代斗笠，后来就逐渐演变成了放风筝的活动。

放风筝是我国古代民间广为盛行的一项传统运动。它流行于我国各地，历史悠久，已经有2000多年的历史了，也被称为"人类最早的飞行器"。

风筝起源于我国古代，这个早有定论。但关于它的起源除了我国古代的斗笠外，还有另外两种传说：一是树叶说；二是帆船说。

树叶说来自于我国南方一带。据说古时候人们对"风卷树叶满天飞"的现象十分崇拜，人们便用麻丝拴住树叶放着玩，后来逐渐演变成放风筝活动。

帆船说同样来自于我国南方水乡，据说古代南方人使用木舟已经有2000多年的历史了。后来又有了帆船，帆是借助风力的一种工具，古代人们便仿照帆的原理，扎起了风筝来放飞玩耍，之后逐步演变成了后来放风筝的游乐活动。

在我国古代，关于风筝的传说有很多，风筝又叫"纸鸢"、"风鸢"、"纸鹞"或"鹞子"。风筝古时称为"鹞"，我国北方地区也有称为"鸢"的，它是一种古代传统的民间工艺品。

　　在我国古籍当中有关风筝的史料非常丰富。实际上，我国最早出现的风筝是用木材做的。据说最早的风筝是由战国时期著名哲学家墨翟制造的。据《韩非子·外储说》记载：

　　墨翟居鲁山，斫木为鹞，三年而成飞一日而败。

　　这是说墨子研究了整整3年风筝，终于他用木头制成了一只木鸟，但飞了一天木鸟就坏掉了。墨子制造的这只"木鸟"就是我国有记载的最早的风筝。

　　墨子制造的这只"木鸟，造型很是奇特，而且它已经具备了"飞天"的功能了，因此可以推断，我国风筝已有2000年以上的历史了。

　　据传说，后来，墨子把制风筝的手艺传给了他的学生鲁班。鲁班

是我国著名的木匠大师。鲁班很聪明，他根据墨翟的理想和设计，开始使用竹子做风筝。鲁班把竹子劈开削光滑，他又用火烤使之弯曲，把它做成了喜鹊的样子，称为"木鹊"。

木鹊在空中飞翔达3天之久，这比起墨翟的木鸟已经改进很多了。由于这个木鹊可以借助风力在天上漂浮，鲁班就拿它作为一种侦察的方法，他用木鹊去窥探宋国的军情。这便是鲁班"制木鹊以窥宋城"的由来。

风筝问世以后，很快它被人们用于传递信息，后来，由于造纸业的出现，风筝改由纸张糊成了，它很快便传入了民间，成为了古代人们娱乐的一种玩具。不过，风筝在军事上的用途也屡屡被人使用。

后来宋代高承所著的《事物纪原》中，就记载了西汉初期三杰之一的韩信在作战中使用过风筝。其中的记述是：楚霸王被困垓下，韩信制风筝让张良乘坐，飞上天空高唱楚歌，瓦解楚营军心。

这也说明在楚汉相争时期，汉将韩信在攻打项羽所率领的西楚军时，他就曾经利用风筝去侦察了西楚军的兵力虚实情况。

而在有名的垓下之战时，项羽的西楚军被刘邦和韩信的汉军围困，韩信也派人用牛皮做成风筝，上面加上竹笛。这些风筝迎风作响，就好像很多人在一起吹笛子一样。汉军配合笛声，纷纷唱起了楚地的民歌，这也直接涣散了西楚军士气。

至东汉期间，东汉著名发明家蔡伦发明了造纸术以后，那时的坊间才开始用纸来做风筝，慢慢才被称为"纸鸢"。

至于"风筝"这个名字的确定，应当归功于南北朝时期后汉帝王汉隐帝时的大臣李邺，他在宫中曾以线放纸鸢作为游戏，用来取悦汉隐帝。

李邺在纸鸢头部安装了一个竹笛，当风筝飞上天后，风吹入了竹笛里，便发出像古筝一样的响声，因而"纸鸢"才得名"风筝"。

关于这个故事，史书中的原话是：

> 李邺于宫中做纸鸢，引线乘风为戏，后于鸢首以竹为笛，使风入竹，声如筝鸣，故名风筝。

因此，在南北朝时期，风筝大致被分为两种，一种不能发出声音的叫"纸鸢"；而"纸鸢"上装有竹笛的能发出声音的才叫"风筝"。

后来《事物纪原》和史书《新唐书》分别记载了利用风筝求援的轶事。南朝时期的549年，敌军将梁武帝萧衍围困在梁国都城建邺城中。此时，城墙被敌军四面包围住，城内外断绝了联系。

于是，有人便给萧衍献计，让他制作"纸鸦"将求援信系在其中。

萧衍觉得这个办法不错，他便令士兵制作了"纸鸦"，然后他在太极殿外，趁着西北风时施放出去，用来向外求援。

但很不幸的是，这"纸鸦"被敌军发觉了，还以为是"妖术"，便纷纷用弓箭将它射落下来了。这便是风筝用于传递军事情报的开始。

更为离奇的风筝传闻见于《白石礁真稿》。559年，北齐文宣帝时，彭城王元勰的孙子元韶被囚禁在地牢里。

元韶的堂弟为元韶制作了风筝，他们两人从金凤楼乘风筝双双飞逃。这些传奇故事反映了我国古人关于风筝飞行的奇思妙想。

唐代著名诗人元稹曾经写过一首关于风筝的诗，其中写道：

有鸟有鸟群纸鸢，因风假势童子牵。

去地渐高人眼乱，世人为尔羽毛全。

风吹绳断童子走，余势尚存犹在天。

愁尔一朝还到地，落在深泥谁复怜。

还有，唐代诗人高骄在他所写的《风筝》诗中这样描述：

夜静弦声响碧空，官商信任往来风，

依稀似曲才堪听，又被风吹别调中。

这些诗句都说明了，在隋唐时期，放风筝已经普及了。那时候风筝的制作工艺更加完美，形式多样，上面所附带的竹笛也更加悠扬悦

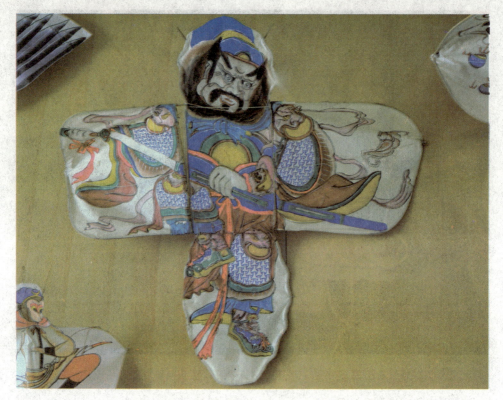

耳了。

其实，关于风筝真正的起源，现在已经无法考证了。大多数人认为，古人发明风筝主要是为了怀念已故的亲友，所以人们通常都会在清明节时，将慰问故人的情意寄托在风筝上，希望借助风筝传送给死去的亲友。

所以，放风筝作为我国古代清明节的习俗之一，已经流传很久了。据考证，我国古代从元宵节后，放风筝活动可以一直持续至清明节，所以古时也把清明节称为"风筝节"。

在隋唐时期以前，放风筝还是一项具有巫术意义的户外活动，目的是为了让人们放掉身上的晦气。当风筝放飞升高后人们就有意把引线剪断，然后让风筝远远飘去，据说它这样可以带走人们身上的晦

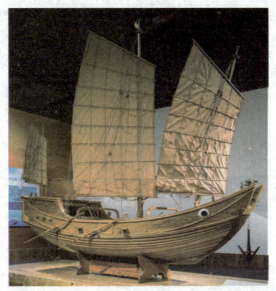

气、烦恼、苦闷、忧患和病痛。

清明时节，碧空万里，慧风和畅，草木萌发，正是放风筝的好时候。于是在这一天，古人便将自己的苦恼事都写在了纸上，然后人们将纸扎在风筝中放飞，让写着烦心事的纸随着风筝一去不复返。

因此放风筝不仅仅是一种文化娱乐活动，也成为古代人们节日辟邪的一种护身符。当然，随着时光的流逝，放风筝早已经冲去了旧时的巫术色彩，古人只不过是借此表达了自己的美好愿望而已。

拓展阅读

关于风筝的起源，还有一种叫做"飞鸟说"的观点。

飞鸟说来自于古代的风筝形状，那时候风筝的结构、形状和扎绘技术，一个突出的标志就是大多数都是鸟类的形状。这可能是我国古人受飞鸟的启发，模仿飞鸟而制造出来的一种游戏工具。

古代人们崇尚飞鸟、热爱飞鸟、模拟飞鸟而制作风筝，这也说明了古人对美好生活的一种追求。

宋元时期风筝的发展创新

在北宋宋徽宗时期，江南钱塘地区有一个七八岁的小孩，他叫李东。李东聪明活泼，非常机智。

有一天李东与小伙伴们一起去街上放风筝，一不小心，将风筝的线扯断了，风筝被风吹到了一个员外的花园里。那个员外是钱塘很有名的富人，但是他很凶，而且自以为有些才华，总是看不起别人。

小伙伴们都很胆小，害怕那个员外，都不敢去他家要风筝。唯独李东胆子比较大，他翻墙想去拾回风筝。

正好这个员外在家中院子里喝茶，他看见从墙外跳进来一个小孩，先是吓了一跳。

后来员外看李东文质彬彬的，不像是坏孩子，而且通过跟李东交谈，知道了他是来捡回风筝的。

于是，那个员外便拿着风筝逗李东，他说："小孩，你想要风筝吧？那我出个对子，你要是能对上，我就还你风筝。"

李东点头同意了，墙外的小伙伴们怕李东出事，都爬上墙头往里看。

员外看到那群小孩，他便以此为题目对李东说："童子六七人，独汝狡！"

李东看了看员外的气派，知道他肯定是个大官，便觉得这个员外一定有2000石的俸禄，于是他就对了个缺尾巴的下联："员外二千石，唯公……"

李东故意不把最后一字说出来，而且他还笑着说："唯公……唯公……"他拉着长音，调皮地与员外周旋了起来。

员外以为他对不上来，得意地说："小孩，唯公什么，你是不是对不上了？"

李东说："这最后一个字，我早就有了，可是我故意不说。"

员外不懂什么意思，于是便问他："你这是为什么呀？"

李东说："你如果还我风筝，那这句便是'唯公廉'，如果你不还给我，那就是'唯公贪'了。"

　　这员外一听就笑了，他觉得这孩子非常聪明，而且很有机智。他这样的大人物，自然也不会为了一个小小的风筝，落下个贪婪的名声，他笑着把风筝还给了李东。

　　在宋元时期，风筝得到了长足的发展。那时候，人们大都是在春风和煦的二三月放飞风筝。而且宋元时期的风筝制作技艺很是高超，从扎细竹骨架，到糊以纸绢，涂以彩绘，调准提线，系以长线，这一道道工序流程都十分讲究。

　　元代著名诗人谢宗可也有一首关于风筝的诗句，其中写道：

孤骞稳驾剡溪云，多少儿童仰羡频。

半纸飞腾元在巳，一丝高下岂随人。

声驰空碧东风晓，影度遥天化日春。

谁道致身无羽翼，回看高举绝红尘。

　　这也说明了，宋元时期的风筝已经在民间广泛流行起来了。

　　宋代时期放风筝的风气大盛，主要是由于皇帝宋徽宗非常喜欢

风筝，他不但是风筝的热心倡导者，还亲自主持编写了《宣和风筝谱》。由于皇帝对风筝的热衷，这使得风筝在我国北宋传播地很广。

后来，至南宋时期，风筝制作工艺已经相当成熟了，放风筝在全国各地已经成为一种盛行的娱乐游戏。当时已经有了放风筝的比赛活动，比赛常在春游时进行，地点在城郊野外，比赛方法据南宋著名文学家周密所著的《武林旧事》，卷三《西湖游幸》中记载到：

> 竞纵纸鸢，以相勾引，相牵剪截，以绝线者为负。

也就是说人们各自开始放风筝，然后让两根风筝线绞在一起，若风筝线先绞断了，那它就被淘汰了，最后仍然能保持不断线的风筝才是风筝中的王者。

在宋代，人们把放风筝作为锻炼身体的功能，寻常百姓在清明节时一定要放风筝的，他们将风筝放得高而远，然后将线割断。想借此让风筝带走一年所积攒下来的霉气和晦气，这也是从隋唐时期沿袭下来的风筝风俗。

在宋元时期，我国传统的风筝一般分为硬翅、软翅、板子、串子和立体等几种类型，如果按地域和风格，又可以分为潍坊、南通等地方特色的风筝。

民间还创造了风筝上的附加物，比如带有音响的"鹤琴"和"锣鼓"，也有灯光装置的"灯笼"，还有散落携带物的"送饭儿的"等，这些都是我国风筝独具的特色。

我国风筝有着悠久的历史和高超的技艺，而关于风筝技艺的书籍也有很多，如宋徽宗主持编写的《宣和风筝谱》便是其中较早的一

本，其他就是宋元时期各风筝世家或风筝玩家个人收集的谱式了。

在宋元时期，虽然这些谱式各自都有些局限性，但它们毕竟是很可贵的风筝资料。其中值得一提的，便是除"风筝谱"之外还有一种可贵的实物资料，那就是"风筝条"，通俗来说就是制作某种风筝骨架所用的标准竹条。

这些"风筝条"都是在

生产风筝的世家中代代相传的珍贵宝物"。这就弥补了宋元时期"风筝谱"上只有画面，没有骨架或只有骨架而没有具体竹条尺寸和粗细变化的不足，这也使宋元时期的风筝技艺的流传地更加完整了。

其实，宋元时期的风筝很少是在文字、图画和实物中流传的，那时候的民间的风筝工艺技艺大多都是靠"口传心授"的，这就是在宋元时期民间风筝制作艺人中使用的"诀"。它也是为了好教好记和保密所用的"风筝歌诀"。

由于宋元时期风筝制作艺人都不是大儒，而是普通手艺人，他们的文化水平所限，这些歌诀往往有音无字或者有字无形，歌诀在流传中丢失、修改和讹误很多。

在宋元时期，我国传统风筝的技艺概括起来只有4个字，也就是"扎"、"糊"、"绘"和"放"，也简称为"四艺"，但这四艺却与我国传统的"六艺"意思完全不同。简单地理解这四艺也就是扎架子、糊纸面、绘花彩和最后放风筝这4个流程。

但实际上这4个字的内涵要广泛得多，几乎包含了宋元时期传统风筝全部的技艺内容。如"扎"包括"选"、"劈"、"弯"、"削"和"接"等；"糊"包括了"选"、"裁"、"糊"和"边"等。

　　"绘"字包括"色"、"底"、"描"、"染"和"修"等；最后一道工序的"放"同样也包括了"风"、"线"、"放"、"调"和"收"等。

　　而这宋元时期风筝艺人的四艺歌诀，他们把这些制作风筝的手艺歌诀综合活用起来，就要达到风筝的设计与创新的高标准了。

　　详细来说，宋元时期的风筝是用细竹扎成骨架，再糊以纸或绢，系以长线，利用风力升入空中。众所周知，我国传统的风筝技艺包括"扎、糊、绘、放"4种技艺，而"扎"就是要达到左右对称，也就是左右吃风面积要相当，这其中又包括了选、劈、弯、削、接等环节。

　　"糊"就是要保证全体平整，保持风筝的干净利落；"绘"就是说要做到风筝远眺清楚，近看也要真实的彩绘效果，又包括了色、底、描、染、修等步骤；最后一步"放"，也就是要依据风力调整风筝提线的角度，又包括了风、线、放、调、收等。

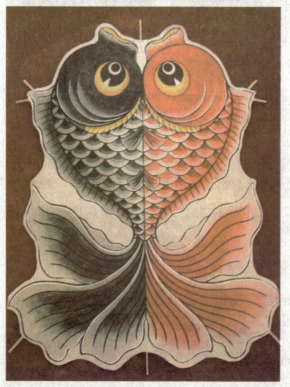

　　宋元时期的风筝的种类主要分为"硬膀"和"软翅"两类，硬膀风筝翅膀坚硬，吃风大，飞的较高。而软翅风筝柔软，飞不高，但飞的远。宋元风筝在式样上，除了传统的禽、兽、虫、鱼外，还发展出人物风筝等新样式。

　　众所周知，风筝上天有两个必要的条件，第一风筝要在有风的天气下，它才能放飞；第二风筝还得要有提线的牵引，所谓的"断线的风筝"在短暂的飘远之后必定会掉下来，这便是没有了牵引力。

山东潍坊是我国风筝之都，在宋元时期，潍坊就已经是非常著名的风筝产地。后来，在潍坊的北海滩上放起了一条巨型龙头蜈蚣，当时是全国最大的了。

南通也是宋元时期风筝的主要产地，南通曾经放飞了一只六角板鹞，在当时引起了很大的震动。南通位于黄海之滨的淮南地区，古人将它与潍坊相提并论，合称为"潍南江北海西头"，是我国四大风筝产地之一，这里盛产板鹞风筝，为宋元时期全国绝无仅有的。

这种板鹞风筝硕大无比、平整如板，它由六角形为基础，通过组合变化，结构成串连星式南通风筝。板鹞风筝外形古朴，绘画精细，鹞面装有数十乃至数百只大小不一的哨口。

当这些板鹞风筝在放飞时，它们会发出不同的音响，组合成一支雄壮的空中交响乐，有如机群掠空，震耳欲聋、又似江海怒涛，汹涌澎湃。

南通的造型风筝，通常以"如皋"所出产的风筝为代表，它融汇了灯彩、绘画、风筝于一体，与北派风筝相比，更显得精巧工细，灵活美观了。

在宋元时期，南通人放鹞子风筝绝对算是件很大的事。在放风筝之前，村里人要将风筝供在堂屋里，香烛纸马，恭敬如仪。

放飞时要由一个身强力壮，经验丰富的老手做"头把手"，这个人带着10多个人拉绳，还要有一组人扶着风筝放飞，叫"丢"。如果风筝如一飞冲天，那么人群就欢声雷动，因为南通人认为风筝一飞冲天预示着下一年的大丰收，还能象征着万事如意。

南通人认为风筝上的哨鸣可以震天地，震慑妖魔。但如果鹞子风筝断了线，摔落下来掉在别人的房子上则认为是不吉利，甚至是"不顺遂"的事。其中，最有趣的是，南通人认为放风筝的线不许妇女跨越或脚踩，否则就放不上天。

南通人如果遇到这样的事，他们就要接连几天去拜服烧香，磕头庇佑，然后再把鹞子风筝撕碎丢入河滩，把"晦气"丢掉。

其实，在宋元时期，还有一种四川风筝。它主要流传于宋元时期成都和绵竹等地，它是半印半画的，先在纸上印好人物或动物形象的墨线轮廓，然后糊在骨架上，再用红、黄、蓝、绿等水画粗粗刷几笔，这样显得更加潇洒流畅了。

四川风筝有一种"羊尾巴"

风筝，形制小而且没有装饰图案。通常三五个风筝串在一起，人们在放飞它们时，总是摇摇摆摆的，如同羊群在摆尾巴；还有一种梯形风筝，也是别处没有的。成都柏树林地区曾经是过去有名的风筝市场。

在宋元时期，很多诗词文献上都有对风筝的记载，比如元代著名诗人谢宗可有一首关于风筝的诗，诗写道：

凭依片纸得天飞，何故声扬欲作威。

瘦骨几茎徒远举，柔丝千尺总危机。

云晴日暖春初好，雨骤风狂事渐非。

高树上林须引避，牵缠到底不能归。

还有，北宋时期的著名文学家和诗人寇准，就曾经写过了一首吟咏风筝的《纸鸢》诗句，诗写道：

碧落秋方静，腾空力尚微。

清风如可托，终共白云飞。

该诗虽然题目叫做《纸鸢》，但全诗中却不见"纸鸢"两字，甚至也看不到纸鸢的形象。诗人寇准意在借物写景，借景抒怀。

　　"碧落"指天空。前句写环境气氛和眼前所见。也就是在初秋，晴朗的天空下，风力不大，所以风筝难以升空高飞。后句遐想抒怀，表达了风筝只有凭借风方可腾云而飞的现象，抒发寇准的感叹。

　　不仅谢宗可和寇准，宋元时期很多诗人都吟咏过风筝，南宋时期著名诗人陆游就有一首《观村童戏溪上》，诗写道：

　　　　竹马踉跄冲淖去，纸鸢跋扈挟风鸣。

　　陆游写出了南宋时期儿童游戏的丰富，其中就有两种游戏比较有名，一个是骑竹马，另外还有一个便是放风筝。这句诗的意思是，竹马在地面上奔跑，晃晃悠悠连人带"马"冲进了烂泥塘里，好不扫兴；风筝在空中飞舞，左摇右摆，又飞又叫，好不骄横。

拓展阅读

　　其实，南宋时期还有一种叫做"斗风筝"的游戏。打斗的风筝多为长方形硬板子，风筝从背后勒成瓦形，或竖或横，绘画简洁明快。风筝后面并没有拴着尾巴，而是凭借强风，直接飞上天空，左冲右突，"嗡嗡"作响。

　　当许多风筝同时升空后，它们并不回避，确实不断地碰撞缠绕，就像是在互相打斗，互相"割线"。一旦风筝线断了，就会任其飞去。最后，哪个风筝还留在空中，那它便是胜利者。那场面颇有陆游诗中的飞扬跋扈的气势。

明清风筝的兴盛与吉祥寓意

明代的永乐年间，有一人名叫万户。他出身于木匠世家，也曾经在大将军班背手下效力，专门供职于明代的兵器制造局。

万户做事勤勉，爱动脑筋，他对各种兵器制造技术都进行过深入的钻研，因此，他深得大将军班背的喜爱。后来，班背因为得罪了朝廷权贵被害身亡，他临死前，将一本关于风筝和火箭制造技术的书籍留给了万户。

　　万户将这本书熟读了好几遍，他根据这本书造出了各种各样的风筝和火箭。在制造风筝和火箭的过程中，万户萌发了一种试图利用风筝和火箭，进行一次飞天试验的念头。

　　万户设想，火箭可以产生推力，而风筝可以飘在空中，如果人坐在椅子上，手持风筝，椅子下面绑上火箭。那么点燃火箭以后，人就可以借助火箭的推力和风筝的升力飞上天空，就可以在天上肆意遨游了。

　　万户为了将自己的设想变成现实，他进行了精心准备。等到一切准备就绪后，他就开始了飞天试验。试飞的地点他选择在一座山顶上，那天来了不少人。

　　万户坐在一把椅子上，他让人把自己捆在椅子上，他双手各持着一个大风筝。当一切都准备妥当后，万户叫人点燃了座椅下捆绑着的当时推力最大的47支火箭。随着火箭的烈焰喷射，万户连人带椅离开山顶向前冲去。

万户在空中停留了一晌，正当人们惊愕之时，他座椅下的47支火箭硝烟未尽，再没有了推力，万户靠着手中的两个风筝继续在空间漂浮。

正这时，人们看见万户两手持着风筝，连人带椅一起冲进了山雾中，就此消失不见了。

一旁围观的人们都看见了，万户凭借着火箭的推力冲到了天空中，他又借助了风筝的浮力漂浮了一会儿。由于后来他神秘地消失了，人们便对万户的下落争吵不休，有人说他飞升做了神仙，也有人说他摔下了山崖。

至明清时期，风筝已经在全国各地都很流行了。那时候人们三五成群，常常在有风的天气去郊外放风筝。在明代，还有一种乌鸦形状的风筝，里面装满了火药。它可以飞上天，然后被投放在敌营中爆炸，被称为"神火飞鸦"。

这是风筝用于明代军事中的最好体现。明代还有利用风筝测量风速的记载。足可见风筝确实是我国古代的重大科学发明之一。

在明代时就已经在民间出现扎制风筝的专门艺人。后来到了清代，随着放风筝习俗的流行，风筝艺术也达到鼎盛阶段。

在清代道光年间，清代著名诗人郭麟吟清明的一首

竹枝词，其中描绘道：

一百四日小寒食，冶游争上白浪河。
纸鸢儿子秋千女，乱比新来春燕多。

还有清代著名文学家郑板桥也有一首关于风筝的诗，诗写道：

纸花如雪满天飞，娇女秋千打四围。
飞彩罗裙风摆动，好将蝴蝶斗春归。

清代著名文学家和诗人舒铁云曾经写了一首长诗来歌咏风筝，诗写道：

杏花深巷春泥消，粥香饧白闻吹箫。
东风袅袅二十四，已有少年相招邀。
云皋烟隰春衫影，朝取长绳系韶景。

此时韶景安可知，低昂高下随群儿。

儿呼拍手欢无极，仰面看天齐着力。

昆鹏化去未可期，莺燕飞来似相识。

浮云浩浩风棱棱，太虚一点高一层。

……

风筝起源于我国，这点早已经为世人所公认。

但我国风筝的详细资料却不多，而专述我国风筝具体技艺的资料就更少了。其中，清代文学家曹雪芹所著的《南鹞北鸢考工志》便是其中一个，它详细记述了我国明清时期风筝的制作技艺。

据曹雪芹所著的《南鹞北鸢考工志》中说，清代风筝有40多种扎法。关于曹雪芹的这本风筝专著，还记载了一个广为流传的小故事。

据说清代时期，有一年大年三十，曹雪芹的一个老朋友于景廉突然来访。于景廉从军服役期间脚受了伤，人们称呼他为"于瘸子"。于景廉平日里只能靠卖画为生。

两人见面叙谈家事，于景廉惨然地说道："我家已经没什么余粮了，我倒没什么，只是我的一双儿女还年幼，总不能让他们饿肚子吧！"

曹雪芹听了朋友的话十分难过，而当时他自己也处在全家吃粥的困窘境地。

他们在交谈中，于景廉偶然说道："某个有钱的公子在街上购买风筝，他一出手就是数十两银子，这些钱足够我家几年的开支了。"

说完于景廉慨叹不已。说者无心，听者有意。曹雪芹正好会做风筝，他也许帮老朋友一把，于是他立刻为于景廉扎了好几个风筝，并让他带走去换钱了。

第二年除夕，于景廉冒着大雪再次来到曹雪芹家，这次他带来了很多酒肉蔬菜，并喜气洋洋地告诉曹雪芹说："没想到，三五个风筝竟然卖了许多银两，真是太难得了，这得多亏老朋友你的帮助啊！"

曹雪芹心中也感到一阵说不出的欣慰，他进一步想到，天下那些鳏寡孤独和废疾的可怜人，倘若学到一点扎风筝的手艺，或者也能借此讨点生活。

于是曹雪芹便动笔撰写了《南鹞北鸢考工志》，他通过这本书将他所掌握的风筝制作技巧传给了世人。

清代北京、天津和潍坊都是风筝的主要产地，这三个地方的风筝

都很有名，被尊为传统的"风筝三大流派"。

清代佚名所著的《北平风筝谱》中收集了200余种北京风筝。在众多的北京风筝中，有一种性能最好，对全国影响最大，也最具代表性的风筝，那就是外形像一个"大"字形的"沙燕

儿"。这"沙燕儿"又称"扎雁儿"、"沙雁儿"等。

"沙燕儿"的头是燕子头的平面变形，它的眉梢上挑，两眼有神，被赋予了人的感情，再加上那对剪刀尾巴，使人看上去就会想到燕子。它甚至比真燕子更加可爱。

清代的人们扎成了胖沙燕和雏燕，又按照亭亭玉立，苗条秀美的少女，扎成"瘦沙燕"，还有按照恩爱夫妻扎成"比翼燕"等。

人们在"沙燕儿"的膀窝、腰节和前胸、尾羽等处加上蝙蝠、桃子、牡丹等吉祥图案，以寓意着幸福，长寿和富贵等美好的愿望。就这样，人们把一个原来是黑色的燕子，变成了生动活泼的燕子。

在清代北京风筝史中，"沙燕儿"就是经过了这样一个由拟形到拟神，再由拟神到拟人，又由拟人到超人的发展过程。

在这个过程里面，可以千变万化，容纳极其广阔丰富的内涵，但又万变不离其宗，使人一看就知道是北京沙燕儿而不是别的什么。

清代北京"沙燕儿"的结构简练，它只是由5根竹条组成主骨架。

它的翅膀由上下两根竹条在端部弯曲而形成形状特殊的"膀兜"，这能使沙燕儿在风小时也能起飞，风大时也能稳住，它的飞行性能绝对优于其他类型的风筝。

清代康熙年间，由北京"沙燕儿"演变成的风筝品种很多，它的变种已经遍及了全国。如山东潍坊外号叫"跑破鞋"的硬翅鱼和人物风筝；天津的硬翅蝴蝶和"轱辘锅子"；南通的"五音蝼蛄"等。

在清代时，天津风筝的种类繁多，但都是以软翅的风筝为主。清代天津人运用软翅结构，不仅可以做成飞鸟或者昆虫的翅膀，还能做成神仙人物身边飘浮的祥云，以及金鱼身边游动的鳍，甚至还可以很多小的软翅排列在一起，组成一个大风筝。

例如清代天津风筝艺人们用很多蝴蝶围绕着花丛而组成风筝，取名叫做"百花齐放"，还有用很多鸟围绕着凤凰组成"百鸟朝凤"等，都是当时的杰作。

在放飞技巧上，清代天津风筝也有很多"绝活"，如在一根主线

上，由很多支线连着10多只甚至几十只小燕子，它们放起来绕着主线上下飞舞，互相嬉戏，甚至可以以假乱真，被人们称为"群燕"。

同时，清代天津风筝在结构上的特点是"扣榫"、"拆折"和"盔头"。天津风筝的骨架很多地方是"榫"和"卯"结合，根本

不用线绑。这种风筝的结构拆折很是精巧，一只很大的风筝都能拆开折起来，放进很小的盒子里，携带非常方便。

还有，天津人用棉纸在模子里粘成薄壳，然后做成各种风筝的头部，这样就可以不受扎架糊纸的局限。这种"风筝头"重量轻，外形又美，这便叫"盔头"。天津的鱼、虾、蟹等水族风筝和福、寿、喜等字形风筝也堪称一绝。

清代天津风筝的制作技术，历史悠久，工艺精湛，清代风筝古籍中可证实天津有串灯、盘鹰、唐僧取经和蝴蝶等10种风筝。清代晚期，天津还有一个著名的风筝艺人，他叫魏元泰，他对天津风筝制作技术做出了重大的贡献。

魏元泰从事风筝制作有70多年，他先后研制了圆形立体类和软翅风筝，还创造了折翅风筝，他为天津风筝赢得了荣誉。

清代晚期以魏元泰为代表的天津风筝，造型逼真，色彩典雅，做工精细。筝面大多用丝绸，轻而结实，骨架选用质地细密和弹性大的毛竹，显然用料十分考究。

清代天津风筝在继承传统制作技术的基础上，不断创新和发展，造型更加美观了，彩绘也更加精美了。将风筝放飞在晴空中令人赏心悦目，又可以放于室内以供观赏，所以风筝无疑是民间工艺的珍品。

　　在清代晚期，与天津风筝一起争奇斗艳的，还有山东潍坊的长串风筝。山东风筝历史也非常久远，其中以潍坊最为代表。潍坊是我国的"风筝之都"。

　　同时，潍坊也是我国的风筝之乡，这里制作风筝的历史悠久，属我国三大风筝派系之一，与京、津风筝齐名鼎立。

　　潍坊风筝题材多样，具有浓郁的乡土风味和民间生活气息。在明清时期，山东潍坊是我国著名的风筝产地，根据地方志《潍县志》中关于风筝的记载：

　　　　清明，小儿女作纸鸢，秋千之戏，纸鸢其制不一，于鹤、燕、蝶、蝉各类之外，兼作种种人物，无不惟妙惟肖，奇巧百出。

　　可见清代末期，潍坊已经形成了固定的风筝市场，全国许多地方的商贾都来潍坊购买风筝，一时间风筝花样不断翻新，也涌现出了一大批手艺高超的风筝艺人。

潍坊风筝中以龙头蜈蚣最为突出。清代的潍坊风筝在继承传统技艺精华的基础上，不断花样翻新，最终赢得了"风筝艺术，潍坊第一"的美誉。

我国的风筝已有2000多年的历史。从明清时期的传统风筝上到处可见吉祥寓意和吉祥图案。在漫长的岁月里，我们的祖先不仅创造出优美的凝聚着中华民族智慧的文字和绘画，还创造了许多反映人们对美好生活向往和追求，以及寓意吉祥的图案。

风筝通过图案形象，给人以喜庆、吉祥如意和祝福之意。同时，风筝融合了群众的欣赏习惯，反映人们善良健康的思想感情，渗透着我国民族传统和民间习俗，因而在民间广泛流传了。

我国明清时期的风筝中，几乎随处可见这种吉祥寓意。比如"福寿双全"、"龙凤呈祥"、"百蝶闹春"、"鲤鱼跳龙门"、"麻姑献寿"、

"百鸟朝凤"、"连年有鱼"和"四季平安"等，这些风筝无一不表现着人们对美好生活的向往和憧憬。

吉祥图案运用人物、走兽、花鸟、器物等形象和一些吉祥文字，以民间谚语、吉语及神话故事为题材，通过借喻、比拟、双关、象征及谐音等表现手法，构成"一句吉语一图案"的美术形式，赋予求吉呈祥、消灾免难之意，寄托人们对幸福、长寿、喜庆等愿望。

所以，明清时期的风筝也因物喻义，将"情"、"景"、"物"与"吉祥"融为一体，因而风筝的主题鲜明突出，构思巧妙，趣味盎然，富有独特的格调和民族色彩。

如清代曾有一对凤鸟迎着太阳比翼飞翔的图案，被人们称为"双凤朝阳"，它以丰富的寓意、变化多姿的图案，体现了人们健康向上的进取精神和对美好幸福的追求。

明清时期风筝上的吉祥图案内容非常丰富，大体有"求福"、"长寿"、"喜庆"、"吉祥"等类型，其中以求福类图案为多。

在明清时期，人们对幸福有共同的追求心理，这些都反应到了风筝上。蝙蝠因与"遍福"、"遍富"谐音，尽管它的形象欠缺美感，但人们经过充分的美化，把它作为象征"福"的吉祥图案。

所以，明清时期以蝙蝠为图案的风筝比比皆是，如在传统的北京"沙燕儿"风筝中，以"福燕"为代表，在整个硬膀上，可以画满经过美化的蝙蝠。

其他的取其寓意的风筝有："福中有福"、"福在眼前"、"五福献寿"、"五福捧寿"、"福寿双全"、"五福齐天"等，这五福的出处便是周代佚名所著的《洪范》，这"五福"是：

一曰寿，二曰富，三曰康宁，四曰攸好德，五曰考终命。

如果按这样的五福寓意，福之中已经包含了富和寿。而其他的求福吉祥图案还有"鱼"和"如意"。其实，我国古代的如意原是竹木制的搔杖，它专搔手够不到的地方，因为能尽如人意而得名。

当然，与此有关的风筝中的吉祥图案也随处都是，比如"连年有鱼"、"喜庆有余"、"鲤鱼跳龙门"、"百事如意"和"平安如意"等。

还有，明清时期的人们都希望自己能够健康长寿，因而寄寓在风筝中，祝颂长寿的图案也有很多。

比如有万古长青的松柏，有据说能有几千年寿命的仙鹤及色彩缤纷的绶带鸟，有传说吃了可以长命百岁的"仙草"灵芝和能够使人长生不老的西王母仙桃等。

这些追求和表达长寿的"寿"字风筝有300多种字形和图案，变化极为丰富。其实，风筝中还有源于佛教的"万"字纹样，这些寓意着"多至上万"。

在明清时期北京"沙燕儿"风筝中，腰部的图案就大多是回转的"万"字纹样。与此有关的吉祥图案也有很多，比如"祥云鹤寿"和"八仙贺寿"等。

明清时期的人们还表达喜庆，这与人们追求美好、愉快和幸福的心情是分不开的。"喜"字有不少字形，"喜喜"是人们常见的喜庆图案。喜鹊是喜事的"征兆"，风筝中有"喜"字风筝，"喜喜"风筝等。

而与喜庆有关的风筝和吉祥图案更多，比如"喜上眉梢"、"双喜登梅"、"喜庆有余"、"福禄寿喜"和"双喜福祥"等。

喜庆图案颇具情趣的还有百蝶、百鸟、百花、百吉、百寿、百福和百喜等图案，比如"百鸟朝凤"等。当然还有传统的鸳鸯图案，它寓意着美满婚姻、夫妇和谐。

在我国古代，尤其是明清时期，龙、凤和麒麟是人们想象中的瑞禽仁兽。还有乌龟在古代是长寿的象征，所以明清时期龟背纹风筝也特别多见。

其中，特别需要强调关于龙的风筝，我国是个尚龙的国家，在我们国家里龙是有着特别的意味。龙有着鹿的角、牛的头、蟒的身、鱼的鳞和鹰的爪，它是一种神奇生物，被视为中华古老文明的象征。

明清时期以瑞禽仁兽及其他物象构成的风筝中的传统吉祥图案有很多，比如"龙凤呈祥"、"二龙戏珠"、"彩凤双飞"和"百鸟朝凤"等。

明清时期传统风筝中还有一个"龙头蜈蚣"长串风筝，这种大型龙类风筝，以其放飞场面的壮观，非常受人喜爱。

在古代，风筝按其形状又可以分为六大类，也就是自由类、桶形风筝、立体风筝、板形风筝、龙形风筝、硬翅风筝、软翅风筝等。

自由类也就是跨种类的风筝，它的样式自由，大多采用新技术，如"鹊桥会"，就把串式、立体、板子等几种方法集于一体；还有"梁山一百单八将"和"百鸟朝凤"等，它们不仅能够迎风转动，还能敲锣打鼓、喷烟冒火，非常神奇。

桶形风筝由一个或多个圆桶或其他形状的桶组成的风筝，像花灯、花瓶、火箭和酒瓶等风筝都属于此类风筝。

立体风筝跟桶形风筝差不多，一般采用折叠结构的骨架，由一个或多个圆桶或其他形状的桶组成，只是看上去要立体很多。

板形风筝也就是人们常说的平面形风筝。从结构和形状上看，它的升力片就是主体，并没有凸起的结构。这种风筝四边有竹条支撑。此类风筝最为多见，扎制起来也非常容易，而且飞升性能好，又适合表现多种题材，是古人最喜爱最常用的一种。

板子风筝，古代京津地区也叫"拍子风筝"，有八角菱形或者瓢虫形，这类风筝一般都拖着个长长的尾巴或穗子，这对风筝起飞有很大帮助。

硬翅风筝常见的有元宝翅和沙燕风筝，它们都属于此类。这种风筝的特点是，它们的翅膀是用上下两根横竹条做成的，两侧边缘高，中间凹，形成一个通风道。

这类风筝翅的端部向后倾，使风从两翅端部逸出，平着看像元宝形。如流行的米字、花篮、鸳鸯、喜鹊和鹦鹉风筝等。这种风筝的硬翅一般是固定的形式，而硬翅范围以外的造型与骨架结构，则随内容题材的不同而变化了。

软翅风筝也就是一般常见的禽鸟类风筝。古人把传统的上下分开的蝴蝶翅膀，改为活动的翅膀，然后用木架固定住，这样便于折叠，放飞效果十分的逼真。这类的翅膀一张一弛，极大地保证了风筝的稳定性。

拓展阅读

其实在明清时期，人们已经将风筝视为锻炼身体和修身养性的手段了。

我国有句古话叫做"鸢者长寿"，意思就是说，经常做风筝和放风筝的人寿命会很长。风筝艺人制作完成一只绚丽多彩、新颖别致的风筝，这是一种创造，也是一种心理的满足。

当人们眺望自己的作品摇曳晴空时，那种独有的专注、欣慰和恬静是非常难得的。人们双目凝视于蓝天白云之上的飞鸢，荣辱都忘了，杂念也没有了，这效应非常符合我国传统医学的修身养性之道。

荡秋千

荡秋千也是我国古代清明节的习俗之一。秋千，本意就是人们揪着皮绳而摇晃迁移。秋千的历史很古老，最早的时候也叫"千秋"，但后来为了避免忌讳，才改为秋千的。

我国古时的秋千多用树桠枝作为秋千架，上面再栓上彩带做成秋千，后来才逐步发展为用两根绳索加上踏板的秋千。

在上古时期，我们的祖先为了谋生，需要上树采摘野果或者猎取野兽。人们在攀缘和奔跑中，往往抓住粗壮的蔓生植物，然后依靠藤条的摇荡摆动，上树或跨越沟涧，这便是我国秋千最原始的雏形了。

唐宋以前秋千起源与发展

传说在上古神话时期，山东泰山有一个名叫石敢当的仙人，这仙人非常勇敢，他的法术也很高强。

有一天，千年老树精柴王和风妖黑旋连夜召集各路妖魔鬼怪，他们宣称要在清明节那天冲上泰山，大闹齐鲁大地。

泰山上的百姓们得知了这个消息后，一个个都心急火燎，他们纷纷携家带口想要逃离家乡。石敢当阻止他们说："大家不要慌张，此事自有敢当在，他们这群妖怪一个也上

不了泰山。"

说完金光一闪，石敢当不见了仙踪。百姓们知道石敢当，人们都相信他，便不再惊慌。

石敢当法术高强，天地浩气都在他心中，降妖伏魔自然也不在话下。这时为何？原来石敢当喝过太上老君的鸿蒙之水，这鸿蒙之水是采集日月精华和陈酿两千年的阴阳乾坤正气酒，饮得此物能够成神成仙，法力无边。

石敢当便在泰山山脚下的路口前准备了起来，他先在大树上绑起两根大绳，中间铺个模板，做了一个秋千。然后石敢当在旁边支起巨大的炉灶，他施法画咒用一大团面做成一张很大的饼，并且将饼放在灶上炙烤。

很快，松树精和风妖率领从天南海北各处赶来的众妖冲上了泰山，他们刚到山口就被石敢当挡住了去路。众妖看见石敢当正在山路

旁的大树下优哉游哉地荡着秋千。众妖并未将这个他们眼中山里人放在眼里，他们呼啸着一起扑了过来。

石敢当毫不畏惧，他在树下高高荡起秋千，口里念叨着："一绳荡起千秋净，乾坤浩气今何存，岂可任由尔等胡乱作为？"

霎时间，天地昏暗，狂风大作，石敢当的秋千变成了一件法宝飞了出去，它像秋风扫落叶般将众妖踢在大饼上。

石敢当在一旁又念道："铺天盖地法无穷，饼卷众妖日月明，齐鲁永世得安宁。"

只听"呼啦"一声，大饼卷起，将众妖们罩了个严严实实。但石敢当毕竟是善良的神仙，他虽然收了为害人间的众妖，但是也不忍它们忍饥挨饿，他便常常在饼里放一些鸡蛋和青菜等。

时间久了，众妖终于被石敢当的善良感动，他们一个个悔悟求饶，并表示要弃恶从善，再也不祸害人间。石敢当便放了他们，那些妖魔鬼怪从此安安分分，再也不敢胡作非为了。

齐鲁大地的老百姓很快知道了这件事，他们尊崇石敢当，也相信秋千能够驱妖降魔。自此每年清明每家每户便荡起秋千，以求得妖魔不侵和平安吉祥。

后来，天下也传遍了妖魔鬼怪都怕石敢当，百姓们在建房立院墙时，他们都会在院墙旁放置一个砖头或者一块青石，上面写着："泰山石敢当"，以求家宅不受鬼怪骚扰。

这是我国上古时期的神话故事，这说明了我国的秋千很早便出现了，而且它还有特别的涵义，也就是能够驱逐妖魔。所以，秋千的起源，可以追溯至几十万年前的我国上古时代。

在上古时期，我们的祖先需要上树采摘野果或者猎取野兽。人们在攀缘和奔跑中，他们往往抓住粗壮的蔓生植物，然后依靠藤条的摇荡摆动，上树或跨越沟涧，这便是我国秋千最原始的雏形了。

至于后来人们用绳索悬挂于木架上，下面拴着踏板的秋千，在春秋时期在我国北方就已经有了。唐代著名文学家欧阳询主编的《艺文类聚》中就有"北方山戎，寒食日用秋千为戏"的记载。

不过当时拴秋千的绳索为了安全起见，通常多以兽皮制成的，因

此秋千两字繁写均以"革"字为偏旁。

同时,荡秋千也是我国古代清明节的习俗之一。秋千,本意就是人们揪着皮绳而摇晃迁移。

秋千的历史很古老,最早的时候也叫"千秋",但后来为了避免忌讳,才改为秋千的。

古时的秋千多用树桠枝作为秋千架,上面再栓上彩带做成秋千,后来才逐步发展为用两根绳索加上踏板的秋千。

古代人们荡秋千一般是在清明节和寒食节前后,而且荡秋千的人也仅仅局限于王公贵族家的红男绿女们以作游戏之用。荡秋千在中华大地上是很多民族共有的游艺竞技项目。据现有文献记载,它起源于先秦时期。据清代著名文学家翟灏所著的《通俗编》记载:

秋千乃北方山戎之戏,以习轻者。

这句话意思是,秋千是我国古代少数民族山戎族的游戏,是一种用来锻炼人敏捷的游戏。山戎是我国古代北方的一个少数民族,而秋千原是山戎族进行军事训练的一种工具。

至春秋时期，春秋五霸之首的齐桓公带兵打败山戎后，将其国土划归了燕国，秋千也随之向南流传了起来，到后来逐渐演变成游戏的用具。

荡秋千，在古代多为宫中和闺中女子的游戏，同时它也是我国传统节日的习俗之一。

汉武帝时宫中盛行荡秋千，唐代著名文学家高无际在他所著的《汉武帝后庭秋千赋》写道：

秋千者，千秋也。汉武祈千秋之寿，故后宫多秋千之乐。

所以，在西汉时期，人们荡秋千主要是为了强身健体。

唐宋时期之后，荡秋千习俗普及全国，盛况空前。后来唐代宫廷把荡秋千称为"半仙戏"，五代著名文学家王仁裕在其笔记《开元天宝遗事》中记载：

天宝宫中，至寒食节，竞竖秋千，令宫嫔辈嬉笑以为宴乐。帝呼为半仙之戏，都中市民因而呼之。

后来，宋代又出现了一种

"水秋千"的游戏。

据南宋时期著名文学家吴自牧所著的《梦粱录》中的记载，不管是在北宋时期都城汴梁的金明池，还是在南宋时期都城临安的西湖、钱塘江，这些地方都举行过这种"水秋千"的杂技表演。

每逢夏季举行水秋千表演时，上自皇帝妃子、王公大臣，下至庶民百姓都竞相观看。表演之前，人们先在水中放置两艘雕画精美的大船，船头竖起高高的秋千架。

表演时，船上鼓声大作，船尾上杂耍艺人先耍练上竿，然后表演者按次序登上秋千，奋力悠来荡去。当秋千悠到和秋千架的横梁相平之时，他们双手脱绳，借秋千回荡之力跃入空中，在空中翻个跟斗，然后投身入水。

因表演者姿势各异，看上去惊险优美而又变化无穷。所以"水秋千"是宋代秋千娱乐活动的新发展，在我国秋千史上占有重要地位，对后世颇有影响。

唐宋时期，民间多爱在清明踏青时节，在郊外用竹子架成一种临时性的"竹笋秋千"，就此舞荡嬉戏。因为清明节处处荡秋千，所以古代也有人把它叫做"秋千节"。

唐宋时期旧式的秋千，比较原始笨拙。首先，人们在土地上立起一个"冂"字形的秋千架子，再在横梁上绑两个柔韧粗树枝弯成的圈，一般是用葡萄树、桑树、石榴树、柳树和榆树等做的，很少用铁环。

人们在两个木条圈上系上两根粗麻绳，叫做"秋千梗"，绳子下端系上一块条形木板，叫做"座板"。打秋千的女人或坐或站在座板上，双手把住梗绳，或先助跑几步或由别人帮助推动几下，秋千就启动起来，而后就可以越荡越高了。

在唐宋文人的作品中，有许多关于秋千的描述。唐朝著名诗人韦庄曾有《长安清明》诗写道：

紫陌乱嘶红叱拨，绿杨高映画秋千。

这诗是写唐代清明节前后，春风拂柳，女郎们三五成群在郊野树下荡秋千，确实充满了诗情画意。

荡秋千在宋代更是非常普遍的游戏之一，宋代著名女词人李清照在《点绛唇》词中有这样的描述：

蹴罢秋千，起来慵整纤纤手。露浓花瘦，薄汗轻衣透。

拓展阅读

我国唐宋时期有一个关于秋千的习俗，俗谚说"女人寒食打秋千"，说的是古代妇女在寒食节里要去荡秋千，而且只有女人才是荡秋千的主角。

在这几天的节日里，古代年轻的姑娘和媳妇，都必须穿着节日的新装，头插松枝或柳枝。她们结伴外出踏青和打秋千，很是活跃。当然，古代很多人家都在自己家的天井里或者门前的空地上树起一架秋千，用以招徕更多的人来"打秋千"。

明清时期秋千习俗的嬗变

在明代天启年间，有一个屡屡考不中贡士的老年书生，他有一个叫楚云的女儿。

很快，楚云到了18岁，她长得很是漂亮，虽然她父亲因为考贡士考不中常年唉声叹气，但她却并没有受到影响。楚云每天都很开心，她家里时常传来她快乐的笑声。楚云最喜欢秋千了，她常常在自家院内的秋千架上荡来荡去。

有一天楚云在家里荡秋千，正好她家的门没有关，她的美貌惊动了门外的人。这个人叫李越，他才18岁就考中了贡士。

李越正好在楚云家门外瞥见

了正在荡秋千的楚云，一下子就被她荡秋千时的靓影所吸引住了，很是心仪她。李越当即决定回去要请父母去下聘书，他要娶这个秋千架上的姑娘为妻。

楚云的父亲觉得李越那么小年纪就考中了进士，于是便同意了。但楚云却不愿意，因为她根本没见过李越，而且她觉得父亲作为一个科考的失败者，连与那个贡士对话的勇气都没有，很是懦弱。

百般无奈之下，楚云只得偷偷女扮男装去参加了一次地方考试，在考场上，楚云结识了李越，被他的才华打动，对他很有好感。

在这次地方考试中，楚云巾帼不让须眉，考来了一个举人的头衔送给父亲，为父亲壮胆鼓气。但是怯弱的父亲仍然没有解决楚云的婚姻危机，还是执意要楚云嫁给李越，楚云很是无奈。

一天，楚云的父亲不在家，她便在家中荡秋千来消除心中的愁苦，正好看见李越从自己家门口经过。楚云灵机一动，她便让李越进了自己家，并告诉李越想请他假冒是自己心仪的人，然后一同来打消父亲让她嫁人的念头。

李越笑着同意了。楚云见他同意，很是开心，便坐回到秋千上，继续荡了起来。李越轻轻地走到楚云背后，慢慢地帮她摇起了秋千。

不多时，楚云的父亲回来了。楚云便拉着李越来告诉父亲，这个人便是自己的心上人，让父亲不要再将她嫁给别人。

楚云的父亲大笑了起来，摸着女儿的头说道："傻孩子啊，这个人便是我要让你嫁的那个进士！"

楚云一愣，这才知道自己闹了一个大乌龙，她又喜又惊，羞得低下了头，脸红得跟红苹果一样，匆匆捂着脸跑开了。没多久，楚云便和李越结了婚，他们幸福地生活在一起了。

在明清时期，每年元宵节期间，全国各地的人们都有荡秋千的习惯。一过正月初十，人们就开始在村街口开阔处和自家院内搭起高低不同的秋千架。从搭成到正月十六，人们每天都要荡一阵子。

在明清时人们认为，荡秋千可以使人心旷神怡，还能锻炼身体和意志。无疑，荡秋千是一种有益的民间体育游艺活动。还有一些地方

的人们认为，荡秋千能祛除疾病，这也许就是荡秋千能世代相传和经久不衰的原因。

就连那些不会走路的孩子和年过古稀的老人，也要在别人的扶持下荡上几下，青少年男女和壮年人就更不用说了。

明代著名文学家和画家的唐伯虎写了一首《秋千诗》，诗写道：

二女娇娥美少年，绿杨影里戏秋千。
游春公子遥鞭指，一对飞下九重天。

清代著名文学家和诗人的郑板桥在山东潍坊任知县时，他曾经赋诗一首，专门描写春天三月潍坊民间"荡秋千"和"放风筝"等欢乐场面，诗写道：

纸花如雪满天飞，娇女秋千打四围。
五色罗裙风摆动，好将蝴蝶斗春归。

在明清时期，荡秋千又可以分为"单人荡"、"双人荡"、"立荡"、"坐荡"等，很多地方都有秋千高手，有时还要举行荡秋千的表演比赛，而荡得最高最美的人则会受到乡邻的赞扬。荡秋千的这些日子里，也常常是古代青年男女相遇和接触的好机会。

在明清时期，除了普通秋千外，还有以下几种带有民族特色的秋千。

其中的一种秋千叫做"胡悠"，也叫"木驴"。这种秋千是在秋千主杆上端绑个铁轴，轴头顶在横梁的正中间。而横梁两头各吊一个小铁千，人们或是站着，或是坐着，分别在两头的秋千上，一边悠荡一边转圈。

还有一种叫做"过梁悠"。这是清代道光年间一种比较复杂的秋千，做法也相当繁琐。人们先是在牢固的木架上架起一个方形大木轮，轮子四角各吊着一副小秋千。

然后4个人同时坐在踏板上，由其他人摇动摇盘，使大木轮转动。秋千上的人随着大木轮子的转动，或高或低，自在悠荡，非常惬意。

最后一种秋千叫做"板不煞"，就是在秋千架的横梁上穿一个辘轳头，

上面绕一条粗绳，让粗绳两头垂下来，其中一根绳头上固定一个脚踏板。

人们开始耍时，两只脚需要踏在踏脚板上，然后两腿夹住粗绳，两手紧拽另一个绳头，使绳子这头往下转，而粗绳那头的秋千便可以带着人往上升。

秋千横梁上头的半圆形荆条吊着花生、糖果、酒等

奖品，如果谁能升到上头，牢稳地固定在辘轳头上，那他就可以伸手向上去摸赏品，摸着哪一种奖品，就要将这件奖品奖给这个人。

一般人往往上不去就会摔下来，或者上去了没把紧辘轳头，又滑溜下来。秋千架下垫着松软的沙土或柴草，根本不用担心会出危险，这种秋千很流行，人们也很喜欢。

其实，在明清时期，西南少数民族地区也有很多荡秋千的传统。那里还流行有"磨秋"、"风车千秋"等独特的秋千形式。

"磨秋"又可分成两种，一种叫"转磨秋"；另一种叫"磨担秋"。转磨秋是在秋千的中间有一个立柱，顶上有一个轴，上面系着4根粗绳，绳末各有一环，由4人抱环旋转，好像推磨一样，所以叫做"转磨秋"。

"磨担秋"的玩法是，取一根硬木固定竖于场地上，顶端削细做轴，再选一根直径与木柱相当的木杆，中间凿凹，横置于立柱顶上，也就搭成了"磨担秋"。

木杆两端骑坐对等的人数，骑坐者用脚蹬地略跑数步后，迅速骑上木杆或匍匐杆头，木杆便会旋转起来了。而这个秋千两端上下不断升沉，好像人在挑扁担时扁担的上下起伏，所以称它为"磨担秋"。

"磨担秋"在我国西南傣、景颇、苗、壮、哈尼、布依和仡佬族都很流行，其中以哈尼族的最为典型。

哈尼人打"磨秋"主要在五六月份，他们称5月为"五月年"，也叫做"苦扎扎"节。"五月年"便是磨秋节。

风车秋千又叫"车秋"、"转秋"、"转转秋"、"转秋千"和"纺车秋"等，因它的形状略似风车，所以叫做"风车秋千"。风车秋千的结构比"吊秋"和"磨秋"都要复杂。

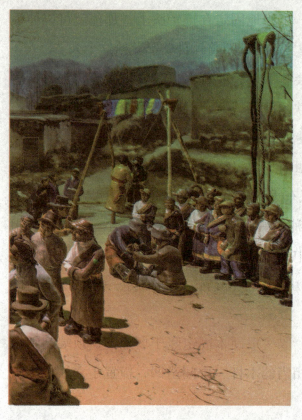

首先，人们在场地中立两根木柱，还要在秋千柱顶架起了一个横梁，横梁中央套一个木制的十字形滚轴。滚轴上有4对平行踏板，粗绳上拴着一个木板，形状好像秋千一样。

人们玩时，需要4个人各坐在木板上，使滚轴转动，然后秋千便会上下升降。秋千就会做圆形旋转，转速快时，就好像飞旋的大风车，很是好看。

在明清时期的黔东南苗族地区，风车秋千的每块坐板上可坐两人，4块坐板能坐8个人，这样的风车秋千叫做"八人秋"。

风车秋千在苗、阿昌、傈僳等民族中很是流行，其中以傈僳族的最为典型。

傈僳族转风车秋千的多为女子。在节日里，她们穿着盛装前来比赛，秋千像纺车一样开始转动，越转越快，如同转起缤纷的旋转绣球。

在我国东北的朝鲜族也很喜欢荡秋千这一传统竞技游艺活动。这一活动常在节日里举行，有时还要进行比赛。

节日里，朝鲜族姑娘们身穿色调艳丽的彩裙，围在秋千旁，她们争试高低，飘逸的长裙，叮当悦耳的铃声，惊险的秋千摆荡，令人叹为观止。

云南西北及川南纳西族也有荡秋千的习俗，俗称"秋千会"，秋千会在每年夏历正月初一举行。

清代有人写了一首《盐源竹枝词》，就是专门形容纳西族的秋千会的，诗写道：

高悬彩架接云天，共庆新年胜旧年。
姊妹艳装争奇丽，倩郎抛索送秋千。

还有，在金陵笑笑生所编写的明代社会百科全书的小说《金瓶梅》中，也有一段描写妇女荡秋千的情景，原文是这样写的：

话说灯节已过，又早清阴将至。吴月娘在花园中扎了一架秋千，率众姊妹游戏以消春困。先由月娘与孟玉楼打了一回，下来教李瓶儿与潘金莲打，然后玉箫和蕙莲两个打立秋千。

这蕙莲手挽丝绳，身子站的直屡屡的，脚踩定下边画板，也不用人推送，那秋千飞起在半天云里，然后忽地飞将下来，端的好像飞仙一般，甚可人爱。月娘看见，对玉楼、李瓶儿说："你看媳妇，她倒会打。"

《金瓶梅》的作者金陵笑笑生描写的人物个性十分准确。当时当仆妇的意莲，由于她经常参加劳动，所以她荡秋千的动作就比那些"太太"和"小姐"们高明很多了。

清代著名诗人李声振所写的《百戏竹枝词》中，有一首《秋千架》，词写道：

半仙之戏，无处无之。仕女春图，此为第一。近有二女对舞者。日影垂杨舞半仙，御凤图画两婵娟。飘红曳绿浑闲亭，蹴损湘钩剧可怜。

此外，在明清时期各地除了最为常见的秋千之外，我国的一些民族还有许多秋千的变种，这也大大丰富了我国古代秋千文化的内涵。

拓展阅读

在明清时期，我国新疆柯尔克孜族的荡秋千游艺非常有名，当地人称"阿拉提巴坎谢里钦吉克"。

这种秋千一般都是在春秋季节和举办婚礼时才玩的。这种秋千的做法是在空地上选一点，然后用3根木头搭一座三脚架，在不远处的另一点也搭一座同样的架子，然后在两个三脚架中间架一个横梁，横梁上悬挂6根牛毛绳，构成秋千的形状。

在玩这种秋千时，需要人们一男一女面对面，两人双脚交错蹬在较长的两根牛毛绳上，他们伸开双臂各抓两根牛毛绳，背部靠在绳子上，让双脚不停蹬动，这样才会越荡越高了。

踢键

踢键子又称"键球"，在我国古代一向流传很广，是一种有着悠久历史的体育运动，是我国民族体育宝库中的一颗璀璨的明珠。

它在花键的趣味性、观赏性和健身性基础上，还增加了对抗性，深受广大人民群众的喜爱。

踢毽子的历史渊源与发展

在五代十国时的后蜀国中，有一位非常有名的女诗人，她姓徐，因为她才貌双全，很受蜀主孟昶的喜欢，因此，她被赐号为花蕊夫人。花蕊夫人在很小的时候就擅长写文章，特别擅长诗词。

后来，花蕊夫人在枯燥无味的宫廷生活中，为了打发时间，她就经常踢毽子。据说花蕊夫人吃完午餐，喝完茶，她都要到御花园里走走，但更多的时间是在宫殿前踢毽子玩。

花蕊夫人在踢毽子的时候，她都要把大衣襟的下摆塞到腰搭上，然后和宫女赛着踢或者对着踢。如果是花蕊夫人自己踢时，她就会越踢越带劲，时常把毽子踢到前殿挂匾后边。

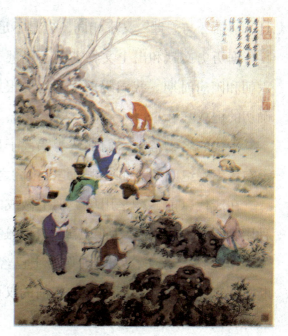

这时，花蕊夫人就会喊来宫女，让宫女们用竹竿把毽子弄下来，再接着踢。花蕊夫人踢毽子的姿势非常好看，前踢、后踢、左踢、右踢，雪白的鸡毛毽子，在花蕊夫人脚下来回旋转。宫女们在旁边不住喝彩叫好，就这样，花蕊夫人一直踢到进晚膳才肯罢休。

踢毽子又称"毽球"，在我国古代流传很广，是一种有着悠久历史的民族体育活动，而经常进行这项活动，可以使人活动筋骨，促进健康。在古都北京，踢毽子还有个富有诗意的名字叫做"翔翎"。

关于毽子的起源，有一种传说认为毽子"创自轩辕黄帝"。当时的毽子叫"毱"，是练习武士的一种器具。"毱"被古人解释为"皮毛丸"。

踢毽子是黄帝发明的，这明显是后人的一种尊圣行为。人们把黄帝当作垛子，把一切发明创造的功绩都归之于黄帝一人，其实并不可靠。因为踢毽子是细物中的细物，要找到确凿的起源时间的证据，几乎是不可能。

还有一个传说认为，毽子"创自岳武穆，用箭之翎，配以金石之质，抛足而戏，以释军闷"。同样，这种传说也没有可靠的佐证，而且，"箭"与"毽"又不相同，也是不足为信的。

据历史文献和出土文物证明，踢毽子起源于我国汉代，它盛行于六朝和隋唐时期。我国踢毽子的历史很悠久，但究竟始于何时，并无确切的记载。

古代的名物考据家们都认为踢毽子是源自古代蹴鞠的，如宋人高承在《事物纪原》中称踢毽子是"蹴鞠之遗事也"。

在唐代以前，鞠是用鸟类羽毛做成的，它与毽羽不同，但也是一种用脚踢着玩的游戏，所以蹴鞠与毽子还的确有点血缘关系。

据文物家考证，汉代画像砖上已经有了踢毽子的形象，照此推断，踢毽子最晚也起源于2000年前的汉代。至南北朝，人们已经能够熟练，而且巧妙地踢毽子了。

至唐宋时期，踢毽子更加流行了，踢毽子的技巧也更高超了。

据宋代文学家高承的
《事物纪原》记载：

　今时小儿以铅锡为
钱，装以鸡羽，呼为鞬
子，三五成群走踢，有
里外廉、拖枪、耸膝、
腂肚、佛顶珠、剪刀、
拐子各色……

　从中可知，这时候踢毽子就有了边跑边踢的技巧，人们不光用脚
踢，还可以用膝、腹和头去耍弄毽子，这些便是"耸膝"、"腂肚"和
"佛顶珠"。

　唐代古书《高僧传》卷19《佛陀传》中记载：

　沙门慧光年立十二，在天街井栏上，反踢蹀，一连
五百，众人喧而观之。佛陀因见怪曰：此小儿世戏有工。

　这便是说，有一个叫跋陀的僧人到洛阳去，他在路上遇到了12岁
的惠光。那时候惠光在天街井栏上反踢毽子，连续踢了500次，观众赞
叹不已。

　跋陀是南北朝北魏时的人，他是河南嵩山少林寺的祖师，他非常
喜欢惠光，并将他收为弟子，惠光便成了少林寺的小和尚。

　其中的蹀就是毽子了，反踢就是用脚外侧踢，也叫做"拐"，反

踢500下，可见慧光脚上功夫十分厉害。踢毽子甚至也影响到了少林寺的武功，少林寺僧也曾经把踢毽子作为一项练武的辅助工具。

在宋代，由于踢毽子的人多，还产生了以卖毽子为生的人。南宋时期词人周密写的笔记《武林旧事》中，就列举了当时首都临安城里经营各种玩具的小商业，比如风筝、粘竿、毽子、鹁鸽铃、象棋、弹弓等，可见那时就已经有了专门销售毽子的店铺了。

还有南宋时期著名的文学家周密在他所写的《通俗编》中也有"踢毽子"一条，原文是这样记载的：

今京市为此戏最工，顶额口鼻，肩背腹膺，皆可代足，一人能兼应数敌，自弄，则毽子终日绕身不堕。

由于踢毽子趣味盎然，也很有观赏价值，因而成为了古代很多艺术家们的收藏珍品。同时，它也是民间艺术家的创作题材。

明清时期的瓷器中就经常出现匠人们绘的踢毽子的图画。古代画家也会把踢毽子的场面画下来，清代风俗画集《北京民间风俗百图》里的踢毽图，就是其中最著名的一幅。

全民普及的清代踢毽子活动

清代的踢毽子活动非常普及，据史料记载，广州正月十五也有踢毽子的比赛，这些热闹的踢毽子活动，使广州过元宵佳节锦上添花。

清初文学家屈大均写的《广东新语》中记载：

昼则踢五仙观，有大小，其踢大者市井人，踢小者豪贵子。

其实，至清代，踢毽子活动已非常普及了。清代著名文学家潘荣陛在他所写的《帝京岁时纪胜》中，就记述北京民间踢毽子的情况，原文记载：

都门有专艺踢毽子者，手舞足蹈，不少停息，若首若面，若背若胸，团转相击，随其高下，动合机宜，不致坠落，亦博戏中之绝技矣。

在《帝京岁时纪胜》里还有一首童谣：

杨柳青，放空钟。杨柳活，抽陀罗。杨柳发，打尜尜。杨柳死，踢毽子。

尤其在清代时期，妇女们踢毽子更为引人注目了。一首北京《竹枝词》唱道：

青泉万迭雉朝飞，闲蹴弯靴趁短衣。
忘却玉弓相笑倦，攒花日夕未曾归。

　　在清代，女孩们爱玩踢毽子，又称它为"攒花"，也就是"数人轮流踢毽子"的踢法。女孩们为了玩得痛快，她们脱掉裙裳，身着短衣，她们踢着，笑着，常常日落不归。

　　清代著名词人陈维崧作了一阕《沁园春》，也是歌咏闺人踢毽子的，词写道：

　　　娇困腾腾，深院清清，百无一为。向花冠尾畔，翦他翠羽；养娘箧底，检出朱提。裹用绡轻，制同转，簸尽墙阴一线儿。盈盈态，讶妙逾蹴鞠，巧甚弹棋。

　　　鞋帮只一些些，况滑腻纤松不自持。为频夸狷捷，立依金井，惯矜波悄，碍怕花枝。忽忆春郊，回头昨日，扶上栏杆剔鬏丝。垂杨外，有儿郎此伎，真惹人思。

踢毽图

在这首词中，形象地写出了一位清代女郎在清幽的深院里踢毽子的盈盈姿态，精心制成的毽子上下翻舞，变化多端，简直比踢球还巧妙，比弹棋更有趣。

踢毽子已经成为我国民谚的内容，而且发展到了数人同踢的技巧。至清代末期踢毽子已经达到了鼎盛，参加的人越来越多。

人们不仅用踢毽子锻炼身体，做养生之道，而且把踢毽子和书画、下棋、放风筝、养花鸟、唱二黄等相提并论，甚至一些人以会踢毽子为光荣的事。

因此，在古代踢毽子的活动更加广泛了，特别是青少年参加者更为普遍，当时就有这样的童谣：

一个毽儿，踢两半儿，

打花鼓，绕花线儿，

里踢外拐，八仙过海，

九十九，一百。

这说明古代踢毽子已到了相当普及的程度。民间踢毽子爱好者更是用功苦练，他们以口传身授的方法代代相传。以北京为例，每遇城乡庙会，各路能手，步行相聚，观摩、比赛，培养新手，甚是热闹。

同时，毽球在侗族、苗族和水族等少数民族地区也非常受欢迎，它是由传统体育活动"手毽"演变而来的，手毽是各族人民在播种水稻时，人们扔接稻秧的一系列动作启发下产生的，是各族带有社交性质的体育项目。

踢毽子是我国民间的一项体育游戏，被人们誉为"生命的蝴蝶"。在古代，它是属于"杂伎"、"杂戏"、"博戏"和"百戏"中的一种。毽子，在古籍里又写作"鞬子"或者"蹀子"。

毽子可以分成毽铊和毽羽两部分，毽铊多用圆形的铅、锡、铁片或铜钱制成，毽羽多用翎毛。清代古籍中记载：

毽儿者，垫以皮钱，衬以铜钱，束以雕翎，缚以皮带。

清代著名文学家翟灏在他所著的《通俗编》卷31《鞬子》一条中记载："毽，抛足之戏具也。"

我国古代，毽子的套数和家门超过100种。据说清朝光绪年间，承德有一个百岁的老进士，他能踢出"喜鹊登枝"、"金龙探爪"和"狮子滚绣球"等108种花式。

踢毽子运动是我国民间传统的体育健身活动，历史悠久。在宋代，普通城镇的集市上就有专卖毽子的店铺，明清时就已经开始有了正式的踢毽子比赛，古人无论男女老少都能踢上几脚。

踢毽子时，人们通过抬腿、跳跃、屈体、转身等运动，使身体各部分都能得到很好的锻炼，有效地提高关节的柔韧性和身体的灵活性。

当然，踢毽子还可以修身养性，并能锻炼精神的高度集中，增强人们的反应能力。

踢毽子具有较强的健身功能和很大的娱乐性，它不必与人争抢冲撞，运动量也可以随意控制，而且男女老少都可以参加，它的优越性是古代其他民俗体育活动无法比拟的，因而成为古代人们休闲健身的理想选择。

虽然踢毽子在历史上也曾经被视为"不登大雅之堂"的"雕虫小技"，但由于它有益健康而且又很有趣，更重要的是它根植于民间，所以获得了很强的生命力，千百年来经久不衰，一直是人们喜欢的体育游戏。

我国古代毽子的种类很多，第一种是常见的传统花毽。花毽多用火鸡毛或雕翎做毽身，木片或者铁铜片做底座。因此，毽子看起来更加的美观了，踢起来的弹性也很好。

而毽子起落的速度，也没有太多限制，踢起来后上下翻飞，花样动作全凭自己掌控，没有特别的高难度动作，所以在古代适合各个年龄段的人。

第二种是大毽子，这种毽子的毽身多用鹅毛制成，与传统花毽不同的是，大毽子比花毽重，要求技巧性相对较强。如果是单人踢，就有100多种动作。但在古代大众健身运动中，大毽子更适合多人一起运动，大家你踢一脚，我踢一脚，虽然力度较大，但动作简单，大毽子既能锻炼腿部力量，又能提高身体的灵活。

还有一种毽子叫毽球，跟大毽子很像。在古代，毽球上的羽毛多为鹅毛，毽球踢起来有隔网，像打羽毛球似的，一边踢过网后，另一边的人接住再踢过来。

拓展阅读

在我国历史上，有许多地区有踢毽子的风俗，以至于踢毽子成为古代逢年过节的必有风俗。如清代北京人踢毽子多在秋冬之季，以踢毽子为天寒时的消遣之一。每当杨柳凋零，天气寒冷的时候，踢毽子就热闹起来了。

塞外承德更有"踢毽之乡"的美誉，旧时，几乎家家都有毽子，人人都会踢。一到新年的时候，人们结伴成群，纷纷上街踢毽子，一时间彩蝶纷飞，十分壮观。在我国历史上，有许多地区有踢毽子的风俗，以至于踢毽子成为古代逢年过节的必有风俗。如清代北京人踢毽子多在秋冬之季，以踢毽子为天寒时的消遣之一。每当杨柳凋零，天气寒冷的时候，踢毽子就热闹起来了。

塞外承德更有"踢毽之乡"的美誉，旧时，几乎家家都有毽子，人人都会踢。一到新年的时候，人们结伴成群，纷纷上街踢毽子，一时间彩蝶纷飞，十分壮观。

扭秧歌

秧歌在我国北方汉族地区极为流行，人们大多是在农历正月十五元宵节时表演，是一种集歌、舞、戏为一体的综合艺术形式。

秧歌是汉族民间的一种舞蹈，它可能源于古代插秧耕地的劳动生活，与祭祀农神和祈求丰收所唱的颂歌有关。

在古代，扭秧歌几乎遍及我国大江南北，在全国不同地方，秧歌的名称各异，表现方式也多种多样。

唐宋时期扭秧歌的起源

在北宋至和年间，黄河河水经常泛滥，河南东部地区因地处黄河古道，那里的人们无法安居，生活困难。

后来，皇帝派开封府尹包拯来这里放粮救灾，包拯到了之后，开仓放粮，解决了这里的饥荒，而且他亲力亲为，勤勤恳恳治理水灾，终于取得了成效，第二年这里的稻谷便大丰收了。

一日，包拯正在帮百姓们收割稻谷，他看到大丰收的情景，不禁喜出望外。包拯一手持着割稻谷的镰刀，另一手甩起脖子上

围着的汗巾，情不自禁地舞了起来。因为包拯舞得兴高采烈，很是尽兴，百姓们便学着他的样子一同舞了起来。

后来没多久，包拯便被调回了都城汴梁。当地人们为了纪念他治水的功劳，此后逢年过节，人们便跳这种舞蹈以示感激之情。

当然，这只是一种传说趣事。其实秧歌是我国汉族的一种舞蹈。

秧歌最早产生于唐宋时期，最初可能是以"姎哥偲郎"为主要角色的一种西域歌舞有关，它与汉族元宵社火结合而成为秧歌的时间是在宋代。

秧歌是我国古代村庄中流行的一种民间舞蹈。它在色彩的运用上，体现了鲜明的民族风格。扭秧歌时人们所穿的服装色彩对比强烈，有红蓝黄绿。人们在锣鼓的伴奏声中，边歌边舞，以此抒发愉悦的心情，表达对美好生活的憧憬。

很多人认为，秧歌起源于古代单纯的歌舞戏。歌舞戏在唐代开始出现后，它与需要借助文字和语言的滑稽戏便分道扬镳了。唐代的歌

舞戏受西域文化的影响更大，滑稽戏则较多保持了本土的特征。

其实，自从唐代"百戏"分出"歌舞戏"和"滑稽戏"两种，"滑稽戏"最终形成元杂剧，导致昆剧、徽剧、京剧等戏曲的形成。

不过大多数认为，唐代形成的"歌舞戏"，其中一部分走向民间，最终形成了今天千姿百态的"秧歌"。唐代形成了"歌舞戏"与"滑稽戏"的分野，那是因为受外来的西域文化的影响。西域的概念较大，不局限在嘉峪关、葱岭之间，而应包括整个印度和中亚地区。

随着唐代陆上丝绸之路的畅通，来自西域的歌舞传入我国。这种歌舞不需要借助文字和语言，只需要借助音乐和节奏。

唐代的歌舞戏一部分演变成宫廷舞蹈，另一部分则流入民间，与我国传统的民间舞蹈结合后，形成各地不同形式的"秧歌"。

但是，在不同的"秧歌"里，有一些特征是共同的，例如扭秧歌的人有时徒手，有时手里拿一个小道具。这与西域舞蹈很相似。

再如，唐宋时期的舞蹈大都有丝管钟磬伴奏，但是，秧歌几乎没有丝竹伴奏，甚至不需要音乐，经常只需要锣鼓即可，这个特征与西域舞蹈也很相似。

其中最重要的特点是，既有整齐划一，又有个人发挥；既有含蓄中庸，又有个性张扬。自由与规矩和谐地结合在一起，不分场地，简便易行，动作自然，既能表达情感，又能锻炼身体。也许这就是秧歌在老百姓中广受欢迎的原因。

秧歌它在向东部传播时遇上了汉族的元宵社火，于是东、西文化开始结合，便产生了以"妖哥"为主要角色的化妆表演形式。由于"妖哥"、"羊哥"、"扬高"等不易理解，于是便借用了南方荆楚地区种稻插秧的秧字，最终形成了秧歌的名字。

其实，关于秧歌的起源，可以分成两个问题：舞蹈形式的起源和名称的起源。从这一民间舞蹈形式来说，秧歌的起源很早。

但是，从名称来说，"秧歌"这一称呼的起源并不很远。由于人们经常将两者混淆，致使对于"秧歌起源"这样的话题，容易造成"公婆各说自家理"的现象。

"秧歌"这一名称从字面上说，这的确非常容易让人望文生义，以为它与插秧、秧田等水田劳动有关。不过，这种望文生义并非全错，"秧歌"这一名称正式形成，的确与稻秧有关。

作为我国古代政治经济中心的北方河洛地区，这里原先是很少种植水稻的，自唐宋时期以后，水稻才开始较多地引入到北方地区，这样才有了秧歌这个名词。

拓展阅读

秧歌起源于唐宋时期的歌舞戏，而且它还融入了一些当时西域特色的舞蹈。虽然后来的秧歌很多都是集体舞蹈，但是这种集体舞蹈中的自由发挥的现象也是十分常见的，这便是唐代西域舞蹈的特色。

因此，西域舞蹈演变成我国秧歌，并非只是学一点外来的舞蹈动作，而是有所舍弃、有所发挥，多数融入到歌舞戏中。最后，这种外来舞蹈随着歌舞戏一同演变成后来的秧歌，一起发扬光大了。

全民娱乐的明清扭秧歌

据现有资料证明，秧歌可以追溯至明代初期。据古代家藏族谱《赵氏谱书》中记载：

二世祖赵世袭指挥镇，舞诰封武略将军。明洪熙一年，欣逢五世同堂，上赐"七叶行祥"金额，悬匾谷旦，诸位指挥偕缙绅光临赐贺，乐舞生闻韶率其创练之秧歌，舞唱于庭，其乐融融。

1770年，清代文学家陈英弼编写了一个秧歌剧，名字叫做《陈老喜劝子跑

四川》，在剧里面序中所述：

余随胡公廷章供职邛州，甚爱蜀歌之美，仿做"跑四川"，教秧歌班演唱。

由此可见，早在200多年前的清代，秧歌的音乐唱腔就已经在借鉴蜀歌了。另外，秧歌中的"乐大夫"还有"螳螂门"和"八卦门"之分，也就是说秧歌的舞蹈基本动作还吸取了古代武术中的各种拳术套路，秧歌融汇了蜀歌，还借鉴了武术套数，最终形成了各自的风格。

清代秧歌表演内容由3部分组成。出行时排在最前列的是执事部分，其次是乐队，随后是舞队。

　　舞队有各类角色几十人，秧歌队常用阵式有"二龙吐须"、"八卦斗"、"龙摆尾"、"龙盘尾"、"二龙绞柱"、"三鱼争头"和"众星捧月"等。

　　它的动作最突出的特点是需要跑扭结合，人们在舞秧歌时，需要在奔跑中扭动，女性扭腰挽扇、上步抖肩，而男性需要颤步晃头、挥臂换肩。

　　此外，清代秧歌还有六大特点。一是舞队庞大，歌舞单逗；二是结构严谨，礼仪深重；三是舞则纯舞，唱则逗情；四是即兴扭舞，多样统一；五是走阵多变，阵法巧妙；六是鼓乐清纯，快慢适度。

　　详细来说，秧歌的队伍主要由执事、乐队、舞队三部分组成。秧歌队出行时排在最前列的是执事部分，由三眼铳、彩旗、香盘和大锣

等组成。

"乐大夫"是舞队的指挥，这个人一手抱伞。关于他的身份，民间传说不一，有说他手抱雨伞有祈求风调雨顺之意；也有说他是一个过路的士大夫，手执雨伞是为了祛病辟邪。

秧歌中的花鼓一般由16至24个男青年组成，全部都是戏曲中的武生扮相，他们排在队伍前列，为秧歌队开路和打场。他们单手击鼓，左手虽持鼓槌但不击鼓，只是随着节奏相应地做出动作。

秧歌的音乐由锣鼓和歌曲两部分组成，通常以锣鼓伴奏为主。打击乐由大鼓、大锣、大钹、小钹和堂锣等组成。两种主要的锣鼓曲谱慢走阵与快走阵，只是速度不同，而节奏型基本相同，都是三鼓一锣。

歌曲多为民间小调，演唱时，中间有打击乐插入，其代表曲目为《大夫调》和《跑四川》等，也可以根据实际情况选用笛子、笙和二胡等一些古典乐器来伴奏。

秧歌在长期的发展中，逐步形成了两种不同的流派风格，也就是"大架子秧歌"与"小架子秧歌"。

大架子秧歌代表了秧歌的基本风格特点。小架子秧歌除了打击乐伴奏外，还配有唢呐、笙、笛等乐器伴奏。

它的舞蹈动作不多，多以跑阵式为主，俗有"跑秧歌"之说。舞蹈步法主要是"三步一隔"，也就是走三步，再踏一步。当秧歌队串街走阵时，主要是以两竖排队相互交叉走"三步一隔"贯串始终的。

秧歌在表演形式上，分大场子和小场子两种，大场子是群舞，锣鼓铿锵、万马奔腾，宛若大河滔滔。小场子多是双人舞和多人舞，人数不会太多的。

在清代，秧歌几乎遍及我国大江南北，在全国不同地方，秧歌的名称各异，方式也多种多样。最具特点的是，秧歌受到普通民众的热情欢迎，积极参与。

　　在很多地方，秧歌早已经成为了传统节日里必不可少的自发表演项目，按照理论家的说法，秧歌还被视为百戏之源。

　　清朝时期，闯关东的人们又将水稻带入东北。随着这一现象，秧歌的名称正式形成。大约在清朝中期，"秧歌"这一名称得到固定。但是，名称的形成，并不代表秧歌这种娱乐方式的形成。

　　近代著名国学大师王国维说过：

　　　我国戏剧，汉魏以来，与百戏合，至唐而分为歌舞戏及滑稽戏二种。宋时滑稽戏尤盛，又渐籍歌舞以缘饰故事。

　　　于是向之歌舞戏，不以歌舞为主，而以故事为主，至元杂剧出而体遂定，南戏出而变化更多，于是我国始有纯粹之戏曲。

清代文献中有很多关于秧歌的文字记载，近代文学家黄濬在他所著的《红山碎叶》中记载：

红山灯市有秧歌，秧歌之'秧'或称'姎'，谓女子之歌。按古书姎字乃渠帅之称，似有未协。

这段文献的意思是说秧歌是"女子之歌"，这个观点非常值得注意。

清代文学家祁韵士所著的《西陲要略》中记载："新疆呼妇人为莺哥。"据此，可以肯定地说，姎哥、央哥、羊高、莺哥都是一个意思，其实就是维吾尔语对女性的一种称谓，而且这女性，主要当指少女，至少是少妇。

其实，新疆的"姎哥偎郎"，既有少男少女以歌舞调情的气氛，又有简单情节的戏剧表演，与汉族的秧歌极为相似。其主要"角色"，均由姎哥，也就是维吾尔族少女扮演的。汉族的"秧歌"之名，也是由此而起的。

"姎哥"也曾经是一种角色名，东北地区有"秧歌角色"的说法。秧歌中化装舞队有"高跷姐"、"拉花姐儿"、"花梆子"、"老扬高"、"伪火神"、"报子"、"花鼓子"、"拉药姐儿"、"花和尚"、"哑巴"和"膀姑"等各种角色。

这与一般的秧歌表演基本相同，而领队的"扬高"，其实就是维吾尔族所讲的"姎哥"，也就是汉族的"秧歌脚"或"秧歌角"。

拓展阅读

秧歌是我国民间舞蹈的一种，但它也是吸收外来文化的成果。它广泛生存于基层民众社会中，是我国最大众化的娱乐形式之一。而且，这种大众化的娱乐方式强调人人参与，这种精神非常可贵。

人们常说我国的传统文化主张含蓄，但是，在民间被广泛传播的秧歌并非完全遵守这种模式，有些秧歌的热情奔放令人难忘。

登高

重阳节里最重要的节日活动之一，就是登高。人们在那一天登高所到之处，没有统一的规定，一般是登高山或者登高塔。

在古代，人们登高也不单是攀登而已，还要观赏山上的红叶野花，并且饮酒吃肉，好好享受一番，这也使登高与野宴结合了起来，使登高更有吸引力了。

其实，登高并非重阳节的专利，古人自古崇尚登高望远，在古诗词里流传下来的千百年无数文人骚客登临的诗句，贯穿一年四季的终始。

古代重阳节登高的渊源

据说在东汉时，燕赵有一个叫桓景的小伙子，他早年父母双全，后来娶了妻子，妻子也给他生了几个孩子。不过父母、妻子和孩子再加上他，也是一大家子的人，这都要靠他一个人养活，因此生活过得非常的拮据。

桓景的日子虽然不算好，但无灾无难的时候，一家子半菜半粮也能过得去。谁知不幸的事儿很快就来了。

这一年，汝河两岸害起了瘟疫，家家户户都有人病倒了。很快，桓景的妻子也染了病，整日躺

在床上，不能动弹。

　　桓景小时候听大人们说过，汝河里住有一个瘟魔，他每年都要出来到人间走走，他走到哪里就把瘟疫带到哪里。

　　桓景为了救自己的妻子，决心去拜师学本领，想要战瘟魔，救活妻子，同时也可以为民除害。他听说东南山中住着一个名叫费长房的大仙。

　　桓景便请求邻居帮忙照顾他的妻子孩子，自己则收拾行装，起程进山拜师学艺去了。

　　桓景到了东南山中，费长房收下了桓景，还给他一把降妖青龙剑。桓景每日早起晚睡，披星戴月，不分昼夜地练起武来。

　　转眼又是一年，那天，桓景正在练剑，费长房走到他跟前说："今年九月初九，汝河瘟魔又要出来了。你可以回乡为民除害了，不过我要给你茱萸叶子一包，菊花酒一瓶，你把这些给你的家乡父老们，让他们登高避祸。"

桓景回到家乡等到九月初九那天，他领着妻子儿女、乡亲父老登上了附近的一座高山。桓景把茱萸叶子给每个人都分了一片，并告诉乡亲们要随身带着茱萸叶子，瘟魔就不敢近身了。

桓景又把菊花酒倒了出来，让每个人都喝了一口，因为师父告诉他，人若是喝了菊花酒，就不会再被染上瘟疫了。等桓景把乡亲们和家人都安排好，他就带着降妖青龙剑回到家里，独坐在屋内等着瘟魔来时与他交战。

不一会儿，只听汝河怒吼，怪风旋起，瘟魔出水走上岸来。他穿过村庄，走千家串万户却也不见一个人。瘟魔觉得很是奇怪，他抬起头却望见人们都在高高的山上欢聚。

瘟魔很生气，他大吼一声窜到山下，只觉得菊花酒味很是刺鼻，还有茱萸叶子让他无法忍受。瘟魔不敢近前登高了，他就回身向村里

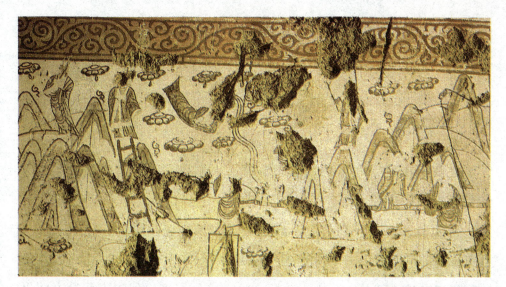

走去。

没多久，瘟魔见到一个人正在家里端坐着，好像是在故意挑衅自己。瘟魔吼叫一声向前扑去。

桓景一见瘟魔扑来，他急忙舞剑迎战。因为桓景学得武艺，斗了几个回合之后，瘟魔战不过他，便拔腿就跑。桓景"嗖"的一声把降妖青龙剑抛出，只见宝剑闪着寒光向瘟魔追去，最终将瘟魔扎倒在了地上。

此后，汝河两岸的百姓，再也不受瘟魔的侵害了。人们把九月初九登高避祸和桓景剑刺瘟魔的事，父传子，子传孙，一直传了下去。从那时起，人们就开始过起了重阳节，同时也有了重阳节登高的风俗。

这是我国汉代道教关于重阳登高的一个神话故事，在南北朝时期著名文学家吴均所著的《续齐谐记·九日登高》中记载的，原文是这样的：

汝南桓景随费长房游学累年。长房谓曰："九月初九汝家中当有灾，宜急去，令家人各做绛囊盛茱萸以系臂，登高饮菊花酒，此祸可除。"景如言，齐家登高。夕还，见鸡犬牛羊一时暴死。长房闻之曰："此可代也。"今世人初九登高饮酒，妇人带茱萸囊，盖始于此。

在我国古代，九月初九重阳节时，人们登高、野宴、佩戴茱萸，历代相沿最后成为习俗。

重阳节又称"登高节"，在这一天，人们登高望远，思念亲人。正如王维在诗中所说："每逢佳节倍思亲"。

原来，我国古代把九叫做"阳数"，农历九月初九，两九相重，都是阳数，因此人们就称这一天为"重阳"。

重阳节里最重要的节日活动之一，就是登高。人们在那一天登高所到之处，没有统一的规定，一般是登高山或者登高塔。

早在西汉时期《长安志》中就有汉代长安九月初九时，人们登高游玩观景的记载。

在晋代时，据史书《晋书》中《孟嘉传》中的记载，九月重阳这天，晋朝大司马桓温及参军大将孟嘉等人登上龙山，孟嘉观赏山景，连帽子被风吹走也不知道。桓温叫人作文笑他，他也不示弱，作文答辩，一时间传为了佳话。

如隋唐著名医学家孙思邈在他所写的《千金方·月令》中，就有这样的记载：

重阳日，必以看酒登高远眺，为时宴之游赏，以畅秋志。酒必采茱萸、菊以泛之，即醉而归。

可见，这些隋代的风俗，已经与后世很相近了。其实，重阳节除了在登高时野宴烤肉以外，还有吃"重阳糕"的习俗。

当然重阳节登高赏菊、饮菊花茶、喝菊花酒，也是约定俗成的习俗之一，重阳节的菊花茶便是来源于东晋诗人陶渊明，因为他爱菊自怡，后人便以此陶冶身心。

我国古代关于重阳节登高的文献记载很多，晋代著名文学家和诗人的陶潜在他所写的《移居》诗中说："春秋多佳日，登高赋新诗。"

还有，唐代著名诗人王维在他所写的《九月初九忆山东兄弟》中，就详细地写到了关于重阳节登高和插茱萸的习俗，诗写道：

独在异乡为异客，每逢佳节倍思亲。
遥知兄弟登高处，遍插茱萸少一人。

当然，也有唐代著名诗人杜甫的七律《登高》，就是写重阳登高诗中的名篇。诗写道：

风急天高猿啸哀，渚清沙白鸟飞回。
无边落木萧萧下，不尽长江滚滚来。
万里悲秋常作客，百年多病独登台。
艰难苦恨繁霜鬓，潦倒新停浊酒杯。

还有，南宋时期词人韩元吉所写的《水调歌头·九日》中上片写道：

今日俄重九，莫负菊花开。试寻高处，携手蹑屐上崔嵬。放目苍崖千仞，云护晓霜成阵，知我与君来。古寺倚修竹，飞槛绝纤埃。

这词便是描写了南宋时期，词人

韩元吉重阳赏菊及登高观景的韵致。

清代文学家顾张思所写的《土风录》中说：

　　古人登高不止是在重阳那天。石虎《邺中记》："正月十五有登高之会。桓温参军张望有《七日登高》诗，韩退之有《人日城南登高》诗，盖即《老子》所云'众人熙熙，如登春台'"之意。

拓展阅读

　　人们说起登高，首先想到重阳，然而登高并非重阳节的专利。古人自古崇尚登高望远，在古诗词里流传下来千百年无数文人骚客登临的诗句，这些诗句贯穿一年四季的终始。

　　登高处，可以是自然的山川，也可以是人造的楼台。古人登高，不是为了观景，也不是为了某个节日，当然更不是为了旅游，而是为了一展胸襟。所谓胸襟，就是怀抱，就是远志，就是精神。

明清登高习俗的盛行

明清时期，北京地区登高习俗非常流行，据清代文学家察敦崇所著的《燕京岁时记》中记载：

京师谓重阳为九月初九。每届九月初九则都人提壶携榼，出都登高。南则天宁寺、陶然亭、龙爪槐等处，北则蓟门烟树、清净化域等处，远则西山八处。赋诗饮酒，烤肉分糕，询一时之快乐也。

在我国古代，不论文人还是百姓，都喜欢登高后在山上野餐、烤肉。甚至有些贵戚富家还带上幕帐、烤具、车马、乐器，登上高台或者土坡，他们架起幕帐、桌椅，大吃烤肉，并唱戏奏乐和听歌看舞。

如清代末期的慈禧太后，她每年重阳都会在京城北海东面的桃花山登高、野餐和烤肉，并架起蓝布围障，防止闲人们偷看。还有在玉渊潭钓鱼台等处，也集中了不少登高之客。

在清代的广州地区，游客多在重阳节登上白云山，他们饮酒赋诗，热闹非凡。

在上海，因为附近没有山丘，人们便把沪南丹凤楼以及豫园的大假山作为登高雅集之所，也很热闹。至于北京的香山、山东的牛山、江西南昌的滕王阁等，也都是重阳佳节的登高胜地。

尤其是南昌的滕王阁，因为有唐代著名诗人王勃在重阳节时在阁上写出的千古名文《滕王阁序》，所以更闻名天下了。至于湖北江陵的龙山，也吸引着许多游客。

由于重阳节在秋天，重阳前后草木开始凋零，所以古人也有称重阳节野游活动为"辞青"的，这与三月春游"踏青"的说法相对应。

在重阳节的前后，秋收已经完毕，农事相对的比较空闲。这时山野里的野果、药材之类正是成熟的季节，古人纷纷上山采集野果、药

材。这种上山采集的活动，古人把它叫做"小秋收"。

登高的风俗最初可能就是从此演变而来的。至于集中到重阳这一天则是后来的事。

据清代文学家潘荣陛所著的《帝京岁时纪胜》就有这样的记载：

重阳有治肴携酌于各门郊外痛饮终日，谓之"辞青"。

还有，关于登高习俗，清代有人说这是源于古代人们对山神的崇拜，人们以为重阳节去祭拜山神能使人免除灾害。所以人们在"阳极必变"的重阳日子里，都要前往山上游玩，以避灾祸。

拓展阅读

关于重阳节登高的起源，还有另外一种说法。

古代人们在重阳节还要祭拜山神以求吉祥，后来才逐渐省去了祭拜的活动，转化成为了一种娱乐活动的。古代人认为，九为老阳，而阳极必变，而九月初九，月、日均为老阳之数，这很不吉利。

所以才衍化出一系列避免不祥、祈求长寿的活动，这是明代文学家谢肇制在他所著的《五杂咀》中的看法。

踩高跷

踩高跷是我国传统的民俗活动之一，踩高跷俗称"缚柴脚"，也称"高跷"、"踏高跷"、"扎高脚"、"走高腿"等，是民间盛行的一种群众性技艺表演，多在一些民间节日里由舞蹈者脚上绑着长木跷在广场进行表演。

关于高跷的起源，人们大多认为它与原始氏族的图腾崇拜、沿海渔民的捕鱼生活有关。其实，高跷本属于古代"百戏"之一，早在春秋时就已经出现了。

古代高跷技艺性强，同时形式活泼多样，由于演员踩跷比一般人高，便于远近观赏，而且流动方便无异于活动舞台，因此深受人们喜爱。

踩高跷的各种起源说法

据说在汉代,中原地区一连三年大旱,颗粒无收,百姓们的日子很苦。皇帝听说后,下了一道圣旨,命令当地的官府救济百姓,并下令家有存粮的人要拿出粮食赈济灾民。

洛阳地区有一个王太守,他存了很多粮食,却不肯拿出一粒去救灾,非但如此,王太守还拼命抬高粮价,发灾荒财。

据说,当地有一个青年,他姓高名跷,天生一副侠义心肠。高跷见王太守如此凶狠,他便决心去偷他的粮食救济灾民。但是,王太守粮仓外围高墙林立,他怎样才能进去呢?

有一天,高跷上山砍柴,他

忽然看见一棵树梢上有一团冬青，而冬青是一种很名贵的草药，他想将冬青取下来，但是树很高，他又上不去。

高跷寻思再三，他见树干上有不少枝枝杈杈，高跷突发奇想，他踩踏枝杈而上，果然摘到了那株冬青。

于是，高跷也悟出了以树杈用做攀援高墙的工具，他砍下两根树杈在山上勤学苦练，最后，高跷终于练就了用树杈在脚上行走自如、蹦跳如飞的本领了。

此后，高跷日复一日在夜间翻过王太守粮仓高墙去拿粮食救济受饿村民。后来有一天，高跷一不小心被王太守家的众多护卫发现，护卫们用绳索将高跷绊倒，并且抓获他，将他投入了监牢。

王太守非常生气，他扬言要治高跷的罪，还要处死他。后来，消息传出来，百姓们寻思搭救高跷的良策，人们商量了很久，最后决定派人连夜去京城告发他，这样便可以搭救高跷了。

果然，皇帝在得知王太守的恶性及高跷的机智勇敢后，他马上派人去解救高跷并重罚王太守。高跷这才获救，此后，人们为了纪念高跷，便将踩树杈取名为"踩高跷"。

以后，中原地区百姓每逢节日，村村寨寨都要踩高跷，扭秧歌，热闹一翻。后来，踩高跷庆节日这个风俗世代相传，久演不衰。

踩高跷，是我国传统的民俗活动之一，踩高跷不但在民俗活动中经常表演，而且它还被融入到了古代戏曲折子中，比如《管甫送》、《闹天宫》、《八仙过海》、《水漫金山》等。

踩高跷的角色，因为各自身份不同，所以造型各异，高低不一，戏曲《水漫金山》中的法海木脚高达1.3米，小沙弥高0.8米。

关于高跷的起源，人们大多认为它与原始氏族的图腾崇拜、沿海渔民的捕鱼生活有关。据历史学家的考证，尧舜时代以鹤为图腾的丹朱氏族，他们在祭礼中要踩着高跷拟鹤跳舞。

考古学家还认为，甲古文中已经有踩跷起舞形象的字了，所以可以验证这个传说是真实的。

古代文献《山海经》中有关于"长股国"的记述，根据古人的注释，这个"长股国"很可能就与踩高跷有关。

从"长脚人常负长臂人入海中捕鱼也"这一注释中，便可以知道，那里的人脚上绑扎着长木跷，手持长木制成的原始捕鱼工具在浅海中捕鱼。

而更令人感兴趣的是，后来居住在广西防城沿海的京族渔民，仍有踩着长木跷在浅海撒网捕鱼的风俗习惯。

其实，艺术是源于自然的，踩高跷是人类与自然斗争的产物。晋代学者郭璞曾经在一篇文章中这样记载：

> 长臂国人在赤水之东，身体像常人，但臂长三丈。"或曰，长脚人常负长臂人入海中捕鱼也。

这也就是说，脚长是因为绑扎着木跷，手长是因为手中拿着长木制作的捕鱼工具，这段话所描绘的现象，酷似居住在广西防城京族渔

民踩着木跷在浅海中撒网捕鱼的形象。

还有,高跷本属于古代"百戏"之一,早在春秋时就已经出现了。我国古代最早介绍高跷的文献是春秋时期著名学者列御寇在他所著的《列子·说符》一篇,原文是这样记载的:

> 宋有兰子者,以技干宋元。宋元召而使见其技。以双枝长倍其身,属其胫,并趋并驰,弄七剑迭而跃之,五剑常在空中,元君大惊,立赐金帛。

早在公元前500多年,高跷就已经流行了,表演者不但以长木缚于足行走,还能跳跃和舞剑,高跷分高跷、中跷和跑跷三种。

拓展阅读

据说,高跷是民间社火艺人们发明的,相传有一年元宵节,社火队艺人联合起来要到县城表演社火。知县老爷知道后,便想借社火诈一笔横财,他下令将四门吊桥吊起,凡入城者要交过桥费,否则不准入城。

城外的社火头听后,十分生气,但也无可奈何,他便凑足银两准备进城。谁知县太爷又将进城过桥的钱提价了,社火头聪明多谋,又胆大心细,他便想到在木棍上装上脚踏板,将木棍绑在自己腿上,脚绑在踏板上越过了护城河。

正月十五那天,城外的社火队都依样绑上高腿,排成队越过护城河进了城,此事气坏了县太爷。

古代高跷形制与高跷会

汉魏的高跷称为"跷技",宋代叫"踏桥",清代以后才称为"高跷"的,不过历代都是用一米左右长的条木制成的,高跷上面都有木托。

表演的人将双脚分别绑在木棍上,然后化装成各种人物,旁边有

人用唢呐伴奏，表演有趣的动作或故事。此外，汉代高跷还有文跷、武跷之分。文跷主要表演走唱，有简单的舞蹈动作。武跷则是表演倒立、跳高桌、叠罗汉、劈叉等动作。

古代的高跷都是木制的，是在刨好的木棒中部做一支撑点，以便放脚，然后再用绳索将腿绑在木棒上。表演者脚踩高跷，可以做舞剑、劈叉、跳凳、过桌子、扭秧歌等动作。

在古代北方的高跷秧歌中，扮演的人物有渔翁、媒婆、傻公子、小二哥、道姑、僧人等。表演者扮相滑稽，能唤起观众的极大兴趣。

古代南方的高跷，扮演的多是戏曲中的角色，比如关公、张飞、

吕洞宾、何仙姑、张生、红娘、济公、神仙等。他们边演边唱，生动活泼，逗笑取乐，如履平地。

还有，踩高跷在山西的延续历史悠久，后来，在晋中一带出土的北魏石棺上可看到高跷、杂技的图画，虽然山西的高跷并没有文字记载，但根据这个图画，推断高跷最迟也应该从北魏时期就有了。

在山西表演高跷的行列中，分成文高跷和武高跷两种。文高跷重于扭和踩，武高跷以表演特技为主。

山西的武高跷，头跷为指挥，二跷是领队，戏曲人物居中，最后由丑汉压阵。表演首先扭各种场图，然后表演"过仙桥"、"跳桌子"、"跳双凳"、"大劈叉"等各种难度大的动作。

还有三晋地区的高跷主要是表演特技的。这里的高跷表演，不但有盖拐、碰拐、背拐、跌叉、跳桌、翻跟斗等技巧动作，而且还有抬二节、抬三节、坐抬、立抬、组合抬等高难度抬法，并能构成"马拉车"、"过天桥"的造型。其中难度最大的是"上虎梯"。

晋中一带的高跷也很有名，其中的"扑蝴蝶"既有故事情节，又有许多高难度动作的高跷节目。这个节目由三人表演，女青年饰演旦角，挑着蝴蝶前行，男青年饰演小生，持扇扑蝶，小丑摇动拨浪鼓嬉戏追逐，甚为活泼、生动，趣味性很浓。

这三个人在表演中，有"蹲走"、"跳桌子"、"鹞子翻身"、"越头跳"、"后滚翻"、"单腿跳"等诸多技巧动作。

在古代，高跷不仅非常的受欢迎，还有了专门的高跷会。每年到了农历正月，一队队高跷会，在腰鼓、小堂锣、大小镲的打击乐中穿街而过。

在古代高跷会中，一拨儿高跷人数不定，一般十几人。身量高的踩低跷，身量矮的踩高跷。表演者是传统戏装打扮。由开路棍打头儿，随之便出现白蛇、唐僧、丑婆、姜子牙等艺术形象。由于这种高跷表演诙谐有趣、粗犷喜人、声情并茂，所以一向为人们所喜爱。

高跷会一般由古代百姓们自发串联组织起来的，每年农历正月十一人们便开始踩街了，这寓意告知人们在众多的民间花会中，今年高跷要挂个号了。

然后，踩高跷的人正月十五正式上街，一直到农历正月十八才结束。在过高跷会时，沿途的大商号在门前设八仙桌，摆上茶水、点心，放鞭炮道辛苦，表示慰劳。高跷队在此稍做逗留，或表演答谢。

古代高跷的队列在街头行进中，一般采用一字长蛇阵的单列，在繁华拥挤地段采用双人并列队形。步子变换为走八字。

在表演时有小旋风、花膀子、鹞子翻身、大劈叉等难险动作。高跷艺术在古代，即使是冬闲时，仍有组织排练的，在各地的庙会中比较常见。古代高跷技艺性强，因此深受人们喜爱。

拓展阅读

那是在春秋时期，齐国的名臣晏婴个子很矮，但他是当时有名的聪明人。

一次晏婴出使邻国，邻国君臣都笑他身材矮小。晏婴就装一双木腿，取名叫做"踩高跷"。这样一来，晏婴顿时高大起来了，他弄得那国君臣啼笑皆非。

晏婴又借题发挥，他一边踩高跷，一边把邻国君臣都挖苦了一顿，使得他们非常狼狈。